GET UP & GROW

21 HABITS OF SUCCESSFUL PEOPLE

Journal

Copyright © 2016 Duke Matlock
All rights reserved.
ISBN-13: 978-1539140627
ISBN-10: 1539140628

Introduction

When we wrote *Get Up and Grow*, we were endeavoring to create a practical, hands-on guide to personal and professional growth. The dream behind *Get Up and Grow* was to give our readers realistic tools and strategies to achieve their goals and experience exponential growth. I believe that our book has the ability to accomplish those objectives. We realized very quickly, however, that in order to position our readers for success, we needed to develop a companion to *Get Up and Grow*. Simply reading the habits is not where the real power lies; the true power is found in the implementation and tracking of the 21 habits. Your paradigm shifts when you adopt the 21 habits; we have created the *Get Up and Grow Journal* to help you do just that.

This journal is designed to help you succeed. The process outlined in Get Up and Grow is significant; I believe it has the ability to revolutionize your morning. I also believe in the importance of keeping a record of your personal growth. One of the habits we discuss in *Get Up and Grow* is journaling. I explained in the book, journaling helps create a record of your personal growth journey. Keeping a journal gives you the ability to look back and see how far you've come; it's an incredible way to build momentum. It's encouraging to know that your hard work is paying off! Journaling reminds you that your efforts are not in vain. You are implementing habits that are helping you get a little bit better every day; this journal will remind you of how far you have come should you be faced with discouragement along the way.

Darren Hardy says in his book *The Compound Effect* that "all winners are trackers." We cannot improve upon something that we have yet to track. When you track your habits, you create a record that serves as an unbiased representation of your growth journey as well as your weaknesses. To deal with weaknesses, you must first get them out in front of you where you can see them. This journal will help you track your habits and achieve your growth goals. Like Darren Hardy said, winners are trackers. Utilize this journal and set yourself up to win.

The *Get Up and Grow Journal* will help you stay organized, streamline your morning routine, and build momentum. If you want to see results, you have to position yourself for success. Picking up your copy of *Get Up and Grow* was the first step on that journey toward success; now it's time to take the next one. Utilizing this journal will create accountability and stability in your morning routine; use it daily and it will only be a matter of time before you start to see results.

This journal is an incredible tool that will help you implement the 21 habits outlined in *Get Up and Grow*. The balance of this book is a three-month supply of journal entries. Let's get started.

JOURNAL

SPIRITUAL HABITS

DATE:

- ☐ **SPIRITUAL MENTOR**
TAKEAWAY: _____
_____
_____
_____

- ☐ **BIBLE READING PLAN** – PASSAGES READ: _____
- ☐ **BOOK READING PLAN** – BOOK/PAGES READ: _____
- ☐ **REFLECTION & PRAYER**
- ☐ **JOURNAL**

_____
_____
_____
_____
_____
_____
_____
_____

SUCCESS HABITS

- ☐ **SUCCESS MENTOR**
TAKEAWAY: _____
_____
_____
_____

- ☐ **BOOK READING PLAN** – BOOK/PAGES READ: _____
- ☐ **DAILY GRATITUDE**

_____
_____
_____
_____

- ☐ **AGENDA REVIEW**
1. _____ 4. _____
2. _____ 5. _____
3. _____ 6. _____

- ☐ **VISUALIZATION & CONFESSION**
TAKEAWAY: _____
_____
_____
_____

HEALTH HABITS

DATE:

☐ **GET ACTIVE -** ACTIVITY:
☐ **MEAL PLAN**

BREAKFAST: _____
SNACK: _____
LUNCH: _____

SNACK: _____
DINNER: _____
SNACK: _____

☐ **RECORD WHAT I EAT** (IN MY APP OR CHECK OFF THE LIST ABOVE)
☐ **LEARN ABOUT HEALTH & NUTRITION**

TAKEAWAY:
_____
_____
_____

☐ **REST** HOURS SLEPT: _____   ☐ **FUN** ACTIVITY: _____

BOOKEND MY DAY

☐ **WHAT DID I GET DONE TODAY?**

1. _____
2. _____
3. _____

4. _____
5. _____
6. _____

☐ **WHAT DID I NOT GET DONE TODAY?**
_____
_____
_____

☐ **WHY DID IT NOT GET DONE?**
_____
_____
_____

☐ **WHAT AM I GOING TO DO TOMORROW?**

1. _____
2. _____
3. _____

4. _____
5. _____
6. _____

☐ **HABIT DEVELOPMENT CHECK-IN**
_____
_____
_____
_____

SPIRITUAL HABITS

DATE: _____

☐ **SPIRITUAL MENTOR**
TAKEAWAY: _____
_____
_____
_____

☐ **BIBLE READING PLAN** – PASSAGES READ: _____
☐ **BOOK READING PLAN** – BOOK/PAGES READ: _____
☐ **REFLECTION & PRAYER**
☐ **JOURNAL**
_____
_____
_____
_____
_____
_____
_____
_____

SUCCESS HABITS

☐ **SUCCESS MENTOR**
TAKEAWAY: _____
_____
_____

☐ **BOOK READING PLAN** – BOOK/PAGES READ: _____
☐ **DAILY GRATITUDE**
_____
_____
_____
_____

☐ **AGENDA REVIEW**
1. _____   4. _____
2. _____   5. _____
3. _____   6. _____

☐ **VISUALIZATION & CONFESSION**
TAKEAWAY: _____
_____
_____
_____

HEALTH HABITS

DATE: _____

- ☐ **GET ACTIVE -** ACTIVITY: _____
- ☐ **MEAL PLAN**

BREAKFAST: _____ SNACK: _____
SNACK: _____ DINNER: _____
LUNCH: _____ SNACK: _____

- ☐ **RECORD WHAT I EAT**   (IN MY APP OR CHECK OFF THE LIST ABOVE)
- ☐ **LEARN ABOUT HEALTH & NUTRITION**

TAKEAWAY: _____
_____
_____
_____

- ☐ **REST** | HOURS SLEPT: _____ | ☐ **FUN** | ACTIVITY: _____ |

BOOKEND MY DAY

- ☐ **WHAT DID I GET DONE TODAY?**

1. _____ 4. _____
2. _____ 5. _____
3. _____ 6. _____

- ☐ **WHAT DID I NOT GET DONE TODAY?**

_____
_____
_____
_____

- ☐ **WHY DID IT NOT GET DONE?**

_____
_____
_____
_____
_____

- ☐ **WHAT AM I GOING TO DO TOMORROW?**

1. _____ 4. _____
2. _____ 5. _____
3. _____ 6. _____

- ☐ **HABIT DEVELOPMENT CHECK-IN**

_____
_____
_____
_____

SPIRITUAL HABITS

DATE:

☐ **SPIRITUAL MENTOR**
TAKEAWAY: _____
_____
_____
_____

☐ **BIBLE READING PLAN** - PASSAGES READ: _____
☐ **BOOK READING PLAN** - BOOK/PAGES READ: _____
☐ **REFLECTION & PRAYER**
☐ **JOURNAL**
_____
_____
_____
_____
_____
_____
_____

SUCCESS HABITS

☐ **SUCCESS MENTOR**
TAKEAWAY: _____
_____
_____
_____

☐ **BOOK READING PLAN** - BOOK/PAGES READ: _____
☐ **DAILY GRATITUDE**
_____
_____
_____
_____

☐ **AGENDA REVIEW**
1. _____   4. _____
2. _____   5. _____
3. _____   6. _____

☐ **VISUALIZATION & CONFESSION**
TAKEAWAY: _____
_____
_____

HEALTH HABITS

DATE:

☐ **GET ACTIVE** - ACTIVITY: _____
☐ **MEAL PLAN**

BREAKFAST: _____   SNACK: _____
SNACK: _____   DINNER: _____
LUNCH: _____   SNACK: _____

☐ **RECORD WHAT I EAT**   (IN MY APP OR CHECK OFF THE LIST ABOVE)
☐ **LEARN ABOUT HEALTH & NUTRITION**

TAKEAWAY:
_____
_____
_____

☐ **REST** | HOURS SLEPT: _____ | ☐ **FUN** | ACTIVITY: _____ |

BOOKEND MY DAY

☐ **WHAT DID I GET DONE TODAY?**

1. _____   4. _____
2. _____   5. _____
3. _____   6. _____

☐ **WHAT DID I NOT GET DONE TODAY?**
_____
_____
_____
_____

☐ **WHY DID IT NOT GET DONE?**
_____
_____
_____
_____

☐ **WHAT AM I GOING TO DO TOMORROW?**

1. _____   4. _____
2. _____   5. _____
3. _____   6. _____

☐ **HABIT DEVELOPMENT CHECK-IN**
_____
_____
_____
_____

SPIRITUAL HABITS

DATE:

- ☐ **SPIRITUAL MENTOR**
  TAKEAWAY:
  _____
  _____
  _____

- ☐ **BIBLE READING PLAN** – PASSAGES READ: _____
- ☐ **BOOK READING PLAN** – BOOK/PAGES READ: _____
- ☐ **REFLECTION & PRAYER**
- ☐ **JOURNAL**

_____
_____
_____
_____
_____
_____
_____
_____

SUCCESS HABITS

- ☐ **SUCCESS MENTOR**
  TAKEAWAY:
  _____
  _____
  _____

- ☐ **BOOK READING PLAN** – BOOK/PAGES READ: _____
- ☐ **DAILY GRATITUDE**

_____
_____
_____

- ☐ **AGENDA REVIEW**
  1. _____   4. _____
  2. _____   5. _____
  3. _____   6. _____

- ☐ **VISUALIZATION & CONFESSION**
  TAKEAWAY:
  _____
  _____
  _____

HEALTH HABITS

DATE:

☐ **GET ACTIVE -** ACTIVITY: _____
☐ **MEAL PLAN**

BREAKFAST: _____ SNACK: _____
SNACK: _____ DINNER: _____
LUNCH: _____ SNACK: _____

☐ **RECORD WHAT I EAT**   (IN MY APP OR CHECK OFF THE LIST ABOVE)
☐ **LEARN ABOUT HEALTH & NUTRITION**

TAKEAWAY:
_____
_____
_____
_____

☐ **REST** HOURS SLEPT: _____   ☐ **FUN** ACTIVITY: _____

BOOKEND MY DAY

☐ **WHAT DID I GET DONE TODAY?**

1. _____ 4. _____
2. _____ 5. _____
3. _____ 6. _____

☐ **WHAT DID I NOT GET DONE TODAY?**
_____
_____
_____

☐ **WHY DID IT NOT GET DONE?**
_____
_____
_____

☐ **WHAT AM I GOING TO DO TOMORROW?**

1. _____ 4. _____
2. _____ 5. _____
3. _____ 6. _____

☐ **HABIT DEVELOPMENT CHECK-IN**
_____
_____
_____
_____

SPIRITUAL HABITS   DATE:

☐ **SPIRITUAL MENTOR**
TAKEAWAY: _____
_____
_____

☐ **BIBLE READING PLAN** – PASSAGES READ: _____
☐ **BOOK READING PLAN** – BOOK/PAGES READ: _____
☐ **REFLECTION & PRAYER**
☐ **JOURNAL**

_____
_____
_____
_____
_____
_____
_____

SUCCESS HABITS

☐ **SUCCESS MENTOR**
TAKEAWAY: _____
_____
_____

☐ **BOOK READING PLAN** – BOOK/PAGES READ: _____
☐ **DAILY GRATITUDE**
_____
_____
_____

☐ **AGENDA REVIEW**
1. _____   4. _____
2. _____   5. _____
3. _____   6. _____

☐ **VISUALIZATION & CONFESSION**
TAKEAWAY: _____
_____
_____
_____

▲▼▲▼▲▼▲▼▲▼▲▼▲▼▲▼▲▼▲▼▲▼▲▼▲▼

HEALTH HABITS   DATE:

☐ **GET ACTIVE** – ACTIVITY: _____
☐ **MEAL PLAN**

BREAKFAST: _____   SNACK: _____
SNACK: _____   DINNER: _____
LUNCH: _____   SNACK: _____

☐ **RECORD WHAT I EAT**   (IN MY APP OR CHECK OFF THE LIST ABOVE)
☐ **LEARN ABOUT HEALTH & NUTRITION**

TAKEAWAY: _____
_____
_____
_____

☐ **REST** HOURS SLEPT: _____   ☐ **FUN** ACTIVITY: _____

BOOKEND MY DAY

☐ **WHAT DID I GET DONE TODAY?**

1. _____   4. _____
2. _____   5. _____
3. _____   6. _____

☐ **WHAT DID I NOT GET DONE TODAY?**
_____
_____
_____
_____

☐ **WHY DID IT NOT GET DONE?**
_____
_____
_____
_____

☐ **WHAT AM I GOING TO DO TOMORROW?**

1. _____   4. _____
2. _____   5. _____
3. _____   6. _____

☐ **HABIT DEVELOPMENT CHECK-IN**
_____
_____
_____
_____

SPIRITUAL HABITS

DATE: _____

☐ **SPIRITUAL MENTOR**
TAKEAWAY: _____
_____
_____

☐ **BIBLE READING PLAN** – PASSAGES READ: _____
☐ **BOOK READING PLAN** – BOOK/PAGES READ: _____
☐ **REFLECTION & PRAYER**
☐ **JOURNAL**

_____
_____
_____
_____
_____
_____
_____

SUCCESS HABITS

☐ **SUCCESS MENTOR**
TAKEAWAY: _____
_____
_____

☐ **BOOK READING PLAN** – BOOK/PAGES READ: _____
☐ **DAILY GRATITUDE**

_____
_____
_____

☐ **AGENDA REVIEW**
1. _____   4. _____
2. _____   5. _____
3. _____   6. _____

☐ **VISUALIZATION & CONFESSION**
TAKEAWAY: _____
_____
_____
_____

HEALTH HABITS

DATE:

- ☐ **GET ACTIVE** – ACTIVITY: _____
- ☐ **MEAL PLAN**

BREAKFAST: _____ SNACK: _____
SNACK: _____ DINNER: _____
LUNCH: _____ SNACK: _____

- ☐ **RECORD WHAT I EAT**   (IN MY APP OR CHECK OFF THE LIST ABOVE)
- ☐ **LEARN ABOUT HEALTH & NUTRITION**

TAKEAWAY: _____
_____
_____
_____

- ☐ **REST** HOURS SLEPT: _____
- ☐ **FUN** ACTIVITY: _____

BOOKEND MY DAY

- ☐ **WHAT DID I GET DONE TODAY?**

1. _____ 4. _____
2. _____ 5. _____
3. _____ 6. _____

- ☐ **WHAT DID I NOT GET DONE TODAY?**

_____
_____
_____
_____

- ☐ **WHY DID IT NOT GET DONE?**

_____
_____
_____
_____

- ☐ **WHAT AM I GOING TO DO TOMORROW?**

1. _____ 4. _____
2. _____ 5. _____
3. _____ 6. _____

- ☐ **HABIT DEVELOPMENT CHECK-IN**

_____
_____
_____
_____

SPIRITUAL HABITS

DATE: _____

☐ **SPIRITUAL MENTOR**
TAKEAWAY: _____
_____
_____
_____

☐ **BIBLE READING PLAN** – PASSAGES READ: _____
☐ **BOOK READING PLAN** – BOOK/PAGES READ: _____
☐ **REFLECTION & PRAYER**
☐ **JOURNAL**
_____
_____
_____
_____
_____
_____
_____
_____

SUCCESS HABITS

☐ **SUCCESS MENTOR**
TAKEAWAY: _____
_____
_____
_____

☐ **BOOK READING PLAN** – BOOK/PAGES READ: _____
☐ **DAILY GRATITUDE**
_____
_____
_____
_____

☐ **AGENDA REVIEW**
1. _____   4. _____
2. _____   5. _____
3. _____   6. _____

☐ **VISUALIZATION & CONFESSION**
TAKEAWAY: _____
_____
_____
_____

▲▼▲▼▲▼▲▼▲▼▲▼▲▼▲▼▲▼▲▼▲▼▲▼▲▼

HEALTH HABITS   DATE:

☐ **GET ACTIVE** - ACTIVITY:
☐ **MEAL PLAN**

BREAKFAST: SNACK:
SNACK: DINNER:
LUNCH: SNACK:

☐ **RECORD WHAT I EAT**   (IN MY APP OR CHECK OFF THE LIST ABOVE)
☐ **LEARN ABOUT HEALTH & NUTRITION**

TAKEAWAY:
_____
_____
_____

☐ **REST** HOURS SLEPT: ☐ **FUN** ACTIVITY:

BOOKEND MY DAY

☐ **WHAT DID I GET DONE TODAY?**

1. _____   4. _____
2. _____   5. _____
3. _____   6. _____

☐ **WHAT DID I NOT GET DONE TODAY?**
_____
_____
_____
_____

☐ **WHY DID IT NOT GET DONE?**
_____
_____
_____
_____

☐ **WHAT AM I GOING TO DO TOMORROW?**

1. _____   4. _____
2. _____   5. _____
3. _____   6. _____

☐ **HABIT DEVELOPMENT CHECK-IN**
_____
_____
_____
_____

SPIRITUAL HABITS

DATE:

☐ **SPIRITUAL MENTOR**
TAKEAWAY: _____
_____
_____
_____

☐ **BIBLE READING PLAN** – PASSAGES READ: _____
☐ **BOOK READING PLAN** – BOOK/PAGES READ: _____
☐ **REFLECTION & PRAYER**
☐ **JOURNAL**
_____
_____
_____
_____
_____
_____
_____
_____

SUCCESS HABITS

☐ **SUCCESS MENTOR**
TAKEAWAY: _____
_____
_____
_____

☐ **BOOK READING PLAN** – BOOK/PAGES READ: _____
☐ **DAILY GRATITUDE**
_____
_____
_____
_____

☐ **AGENDA REVIEW**
1. _____ 4. _____
2. _____ 5. _____
3. _____ 6. _____

☐ **VISUALIZATION & CONFESSION**
TAKEAWAY: _____
_____
_____
_____

HEALTH HABITS

DATE:

☐ **GET ACTIVE -** ACTIVITY: _____
☐ **MEAL PLAN**

BREAKFAST: _____ SNACK: _____
SNACK: _____ DINNER: _____
LUNCH: _____ SNACK: _____

☐ **RECORD WHAT I EAT** (IN MY APP OR CHECK OFF THE LIST ABOVE)
☐ **LEARN ABOUT HEALTH & NUTRITION**

TAKEAWAY:
_____
_____
_____

☐ **REST** | HOURS SLEPT: _____   ☐ **FUN** | ACTIVITY: _____

BOOKEND MY DAY

☐ **WHAT DID I GET DONE TODAY?**

1. _____   4. _____
2. _____   5. _____
3. _____   6. _____

☐ **WHAT DID I NOT GET DONE TODAY?**
_____
_____
_____

☐ **WHY DID IT NOT GET DONE?**
_____
_____
_____

☐ **WHAT AM I GOING TO DO TOMORROW?**

1. _____   4. _____
2. _____   5. _____
3. _____   6. _____

☐ **HABIT DEVELOPMENT CHECK-IN**
_____
_____
_____
_____

SPIRITUAL HABITS

DATE:

☐ **SPIRITUAL MENTOR**
TAKEAWAY:
_____
_____
_____

☐ **BIBLE READING PLAN** – PASSAGES READ: _____
☐ **BOOK READING PLAN** – BOOK/PAGES READ: _____
☐ **REFLECTION & PRAYER**
☐ **JOURNAL**
_____
_____
_____
_____
_____
_____
_____

SUCCESS HABITS

☐ **SUCCESS MENTOR**
TAKEAWAY:
_____
_____
_____

☐ **BOOK READING PLAN** – BOOK/PAGES READ: _____
☐ **DAILY GRATITUDE**
_____
_____
_____

☐ **AGENDA REVIEW**
1. _____   4. _____
2. _____   5. _____
3. _____   6. _____

☐ **VISUALIZATION & CONFESSION**
TAKEAWAY:
_____
_____
_____

HEALTH HABITS

DATE: _____

☐ **GET ACTIVE** - ACTIVITY: _____

☐ **MEAL PLAN**

BREAKFAST: _____   SNACK: _____
SNACK: _____   DINNER: _____
LUNCH: _____   SNACK: _____

☐ **RECORD WHAT I EAT**   (IN MY APP OR CHECK OFF THE LIST ABOVE)

☐ **LEARN ABOUT HEALTH & NUTRITION**

TAKEAWAY:
_____
_____
_____

☐ **REST** HOURS SLEPT: _____   ☐ **FUN** ACTIVITY: _____

BOOKEND MY DAY

☐ **WHAT DID I GET DONE TODAY?**

1. _____   4. _____
2. _____   5. _____
3. _____   6. _____

☐ **WHAT DID I NOT GET DONE TODAY?**
_____
_____
_____
_____

☐ **WHY DID IT NOT GET DONE?**
_____
_____
_____
_____

☐ **WHAT AM I GOING TO DO TOMORROW?**

1. _____   4. _____
2. _____   5. _____
3. _____   6. _____

☐ **HABIT DEVELOPMENT CHECK-IN**
_____
_____
_____
_____

SPIRITUAL HABITS

DATE:

☐ **SPIRITUAL MENTOR**
TAKEAWAY:
_____
_____
_____

☐ **BIBLE READING PLAN** - PASSAGES READ: _____
☐ **BOOK READING PLAN** - BOOK/PAGES READ: _____
☐ **REFLECTION & PRAYER**
☐ **JOURNAL**
_____
_____
_____
_____
_____
_____
_____

SUCCESS HABITS

☐ **SUCCESS MENTOR**
TAKEAWAY:
_____
_____
_____

☐ **BOOK READING PLAN** - BOOK/PAGES READ: _____
☐ **DAILY GRATITUDE**
_____
_____
_____

☐ **AGENDA REVIEW**
1. _____   4. _____
2. _____   5. _____
3. _____   6. _____

☐ **VISUALIZATION & CONFESSION**
TAKEAWAY:
_____
_____
_____

HEALTH HABITS

DATE:

- ☐ **GET ACTIVE** - ACTIVITY: _____
- ☐ **MEAL PLAN**

BREAKFAST: _____   SNACK: _____
SNACK: _____   DINNER: _____
LUNCH: _____   SNACK: _____

- ☐ **RECORD WHAT I EAT**   (IN MY APP OR CHECK OFF THE LIST ABOVE)
- ☐ **LEARN ABOUT HEALTH & NUTRITION**

TAKEAWAY: _____
_____
_____
_____

- ☐ **REST**   HOURS SLEPT: _____   ☐ **FUN**   ACTIVITY: _____

BOOKEND MY DAY

- ☐ **WHAT DID I GET DONE TODAY?**

1. _____   4. _____
2. _____   5. _____
3. _____   6. _____

- ☐ **WHAT DID I NOT GET DONE TODAY?**

_____
_____
_____
_____

- ☐ **WHY DID IT NOT GET DONE?**

_____
_____
_____
_____

- ☐ **WHAT AM I GOING TO DO TOMORROW?**

1. _____   4. _____
2. _____   5. _____
3. _____   6. _____

- ☐ **HABIT DEVELOPMENT CHECK-IN**

_____
_____
_____
_____

SPIRITUAL HABITS

DATE:

- [ ] **SPIRITUAL MENTOR**
TAKEAWAY: _____
_____
_____
_____

- [ ] **BIBLE READING PLAN** – PASSAGES READ: _____
- [ ] **BOOK READING PLAN** – BOOK/PAGES READ: _____
- [ ] **REFLECTION & PRAYER**
- [ ] **JOURNAL**

_____
_____
_____
_____
_____
_____
_____

SUCCESS HABITS

- [ ] **SUCCESS MENTOR**
TAKEAWAY: _____
_____
_____

- [ ] **BOOK READING PLAN** – BOOK/PAGES READ: _____
- [ ] **DAILY GRATITUDE**

_____
_____
_____
_____

- [ ] **AGENDA REVIEW**

1. _____ 4. _____
2. _____ 5. _____
3. _____ 6. _____

- [ ] **VISUALIZATION & CONFESSION**
TAKEAWAY: _____
_____
_____

HEALTH HABITS

DATE:

☐ **GET ACTIVE** - ACTIVITY:
☐ **MEAL PLAN**

BREAKFAST: SNACK:
SNACK: DINNER:
LUNCH: SNACK:

☐ **RECORD WHAT I EAT**   (IN MY APP OR CHECK OFF THE LIST ABOVE)
☐ **LEARN ABOUT HEALTH & NUTRITION**

TAKEAWAY:
_____
_____
_____

☐ **REST**   HOURS SLEPT: ☐ **FUN**   ACTIVITY:

BOOKEND MY DAY

☐ **WHAT DID I GET DONE TODAY?**

1. _____   4. _____
2. _____   5. _____
3. _____   6. _____

☐ **WHAT DID I NOT GET DONE TODAY?**
_____
_____
_____
_____

☐ **WHY DID IT NOT GET DONE?**
_____
_____
_____
_____

☐ **WHAT AM I GOING TO DO TOMORROW?**

1. _____   4. _____
2. _____   5. _____
3. _____   6. _____

☐ **HABIT DEVELOPMENT CHECK-IN**
_____
_____
_____
_____

SPIRITUAL HABITS

DATE:

- ☐ **SPIRITUAL MENTOR**
TAKEAWAY:
_____
_____
_____

- ☐ **BIBLE READING PLAN** – PASSAGES READ: _____
- ☐ **BOOK READING PLAN** – BOOK/PAGES READ: _____
- ☐ **REFLECTION & PRAYER**
- ☐ **JOURNAL**

_____
_____
_____
_____
_____
_____
_____

SUCCESS HABITS

- ☐ **SUCCESS MENTOR**
TAKEAWAY:
_____
_____
_____

- ☐ **BOOK READING PLAN** – BOOK/PAGES READ: _____
- ☐ **DAILY GRATITUDE**

_____
_____
_____

- ☐ **AGENDA REVIEW**

1. _____   4. _____
2. _____   5. _____
3. _____   6. _____

- ☐ **VISUALIZATION & CONFESSION**
TAKEAWAY:
_____
_____
_____

HEALTH HABITS

DATE:

- ☐ **GET ACTIVE** - ACTIVITY: _____
- ☐ **MEAL PLAN**

BREAKFAST: _____
SNACK: _____
LUNCH: _____

SNACK: _____
DINNER: _____
SNACK: _____

- ☐ **RECORD WHAT I EAT** (IN MY APP OR CHECK OFF THE LIST ABOVE)
- ☐ **LEARN ABOUT HEALTH & NUTRITION**

TAKEAWAY: _____
_____
_____
_____

- ☐ **REST** | HOURS SLEPT: _____ | ☐ **FUN** | ACTIVITY: _____ |

BOOKEND MY DAY

- ☐ **WHAT DID I GET DONE TODAY?**

1. _____
2. _____
3. _____
4. _____
5. _____
6. _____

- ☐ **WHAT DID I NOT GET DONE TODAY?**

_____
_____
_____
_____

- ☐ **WHY DID IT NOT GET DONE?**

_____
_____
_____
_____

- ☐ **WHAT AM I GOING TO DO TOMORROW?**

1. _____
2. _____
3. _____
4. _____
5. _____
6. _____

- ☐ **HABIT DEVELOPMENT CHECK-IN**

_____
_____
_____
_____

SPIRITUAL HABITS

DATE:

☐ **SPIRITUAL MENTOR**
TAKEAWAY: _____
_____
_____
_____

☐ **BIBLE READING PLAN** – PASSAGES READ: _____
☐ **BOOK READING PLAN** – BOOK/PAGES READ: _____
☐ **REFLECTION & PRAYER**
☐ **JOURNAL**
_____
_____
_____
_____
_____
_____
_____
_____

SUCCESS HABITS

☐ **SUCCESS MENTOR**
TAKEAWAY: _____
_____
_____
_____

☐ **BOOK READING PLAN** – BOOK/PAGES READ: _____
☐ **DAILY GRATITUDE**
_____
_____
_____
_____

☐ **AGENDA REVIEW**
1. _____   4. _____
2. _____   5. _____
3. _____   6. _____

☐ **VISUALIZATION & CONFESSION**
TAKEAWAY: _____
_____
_____
_____

HEALTH HABITS

DATE:

- ☐ **GET ACTIVE** – ACTIVITY:
- ☐ **MEAL PLAN**

BREAKFAST: SNACK:
SNACK: DINNER:
LUNCH: SNACK:

- ☐ **RECORD WHAT I EAT**   (IN MY APP OR CHECK OFF THE LIST ABOVE)
- ☐ **LEARN ABOUT HEALTH & NUTRITION**

TAKEAWAY:
_____
_____
_____

- ☐ **REST** HOURS SLEPT: ☐ **FUN** ACTIVITY:

BOOKEND MY DAY

- ☐ **WHAT DID I GET DONE TODAY?**

1. _____ 4. _____
2. _____ 5. _____
3. _____ 6. _____

- ☐ **WHAT DID I NOT GET DONE TODAY?**

_____
_____
_____

- ☐ **WHY DID IT NOT GET DONE?**

_____
_____
_____

- ☐ **WHAT AM I GOING TO DO TOMORROW?**

1. _____ 4. _____
2. _____ 5. _____
3. _____ 6. _____

- ☐ **HABIT DEVELOPMENT CHECK-IN**

_____
_____
_____

SPIRITUAL HABITS

DATE:

☐ **SPIRITUAL MENTOR**
TAKEAWAY: _____
_____
_____

☐ **BIBLE READING PLAN** - PASSAGES READ: _____
☐ **BOOK READING PLAN** - BOOK/PAGES READ: _____
☐ **REFLECTION & PRAYER**
☐ **JOURNAL**

_____
_____
_____
_____
_____
_____
_____

SUCCESS HABITS

☐ **SUCCESS MENTOR**
TAKEAWAY: _____
_____
_____

☐ **BOOK READING PLAN** - BOOK/PAGES READ: _____
☐ **DAILY GRATITUDE**

_____
_____
_____

☐ **AGENDA REVIEW**

1. _____	4. _____
2. _____	5. _____
3. _____	6. _____

☐ **VISUALIZATION & CONFESSION**
TAKEAWAY: _____
_____
_____

HEALTH HABITS

DATE:

☐ **GET ACTIVE -** ACTIVITY: _____

☐ **MEAL PLAN**

BREAKFAST: _____ SNACK: _____
SNACK: _____ DINNER: _____
LUNCH: _____ SNACK: _____

☐ **RECORD WHAT I EAT** (IN MY APP OR CHECK OFF THE LIST ABOVE)

☐ **LEARN ABOUT HEALTH & NUTRITION**

TAKEAWAY: _____
_____
_____

☐ **REST** HOURS SLEPT: _____   ☐ **FUN** ACTIVITY: _____

BOOKEND MY DAY

☐ **WHAT DID I GET DONE TODAY?**

1. _____ 4. _____
2. _____ 5. _____
3. _____ 6. _____

☐ **WHAT DID I NOT GET DONE TODAY?**
_____
_____
_____

☐ **WHY DID IT NOT GET DONE?**
_____
_____
_____

☐ **WHAT AM I GOING TO DO TOMORROW?**

1. _____ 4. _____
2. _____ 5. _____
3. _____ 6. _____

☐ **HABIT DEVELOPMENT CHECK-IN**
_____
_____
_____

SPIRITUAL HABITS

DATE:

☐ **SPIRITUAL MENTOR**
TAKEAWAY: _____
_____
_____
_____

☐ **BIBLE READING PLAN** – PASSAGES READ: _____
☐ **BOOK READING PLAN** – BOOK/PAGES READ: _____
☐ **REFLECTION & PRAYER**
☐ **JOURNAL**
_____
_____
_____
_____
_____
_____
_____
_____

SUCCESS HABITS

☐ **SUCCESS MENTOR**
TAKEAWAY: _____
_____
_____
_____

☐ **BOOK READING PLAN** – BOOK/PAGES READ: _____
☐ **DAILY GRATITUDE**
_____
_____
_____
_____

☐ **AGENDA REVIEW**
1. _____   4. _____
2. _____   5. _____
3. _____   6. _____

☐ **VISUALIZATION & CONFESSION**
TAKEAWAY: _____
_____
_____
_____

HEALTH HABITS

DATE: _____

☐ **GET ACTIVE** – ACTIVITY: _____

☐ **MEAL PLAN**

BREAKFAST: _____   SNACK: _____
SNACK: _____   DINNER: _____
LUNCH: _____   SNACK: _____

☐ **RECORD WHAT I EAT**   (IN MY APP OR CHECK OFF THE LIST ABOVE)
☐ **LEARN ABOUT HEALTH & NUTRITION**

TAKEAWAY: _____
_____
_____
_____

☐ **REST**   HOURS SLEPT: _____   ☐ **FUN**   ACTIVITY: _____

BOOKEND MY DAY

☐ **WHAT DID I GET DONE TODAY?**

1. _____   4. _____
2. _____   5. _____
3. _____   6. _____

☐ **WHAT DID I NOT GET DONE TODAY?**

_____
_____
_____

☐ **WHY DID IT NOT GET DONE?**

_____
_____
_____

☐ **WHAT AM I GOING TO DO TOMORROW?**

1. _____   4. _____
2. _____   5. _____
3. _____   6. _____

☐ **HABIT DEVELOPMENT CHECK-IN**

_____
_____
_____

SPIRITUAL HABITS

DATE:

☐ **SPIRITUAL MENTOR**
TAKEAWAY:
_____
_____
_____

☐ **BIBLE READING PLAN** - PASSAGES READ: _____
☐ **BOOK READING PLAN** - BOOK/PAGES READ: _____
☐ **REFLECTION & PRAYER**
☐ **JOURNAL**
_____
_____
_____
_____
_____
_____
_____

SUCCESS HABITS

☐ **SUCCESS MENTOR**
TAKEAWAY:
_____
_____
_____

☐ **BOOK READING PLAN** - BOOK/PAGES READ: _____
☐ **DAILY GRATITUDE**
_____
_____
_____

☐ **AGENDA REVIEW**
1. _____   4. _____
2. _____   5. _____
3. _____   6. _____

☐ **VISUALIZATION & CONFESSION**
TAKEAWAY:
_____
_____
_____

▲▼▲▼▲▼▲▼▲▼▲▼▲▼▲▼▲▼▲▼

HEALTH HABITS   DATE:

☐ **GET ACTIVE** - ACTIVITY: _____

☐ **MEAL PLAN**

BREAKFAST: _____   SNACK: _____
SNACK: _____   DINNER: _____
LUNCH: _____   SNACK: _____

☐ **RECORD WHAT I EAT**   (IN MY APP OR CHECK OFF THE LIST ABOVE)

☐ **LEARN ABOUT HEALTH & NUTRITION**

TAKEAWAY: _____
_____
_____
_____

☐ **REST** HOURS SLEPT: _____   ☐ **FUN** ACTIVITY: _____

BOOKEND MY DAY

☐ **WHAT DID I GET DONE TODAY?**

1. _____   4. _____
2. _____   5. _____
3. _____   6. _____

☐ **WHAT DID I NOT GET DONE TODAY?**
_____
_____
_____
_____

☐ **WHY DID IT NOT GET DONE?**
_____
_____
_____
_____

☐ **WHAT AM I GOING TO DO TOMORROW?**

1. _____   4. _____
2. _____   5. _____
3. _____   6. _____

☐ **HABIT DEVELOPMENT CHECK-IN**
_____
_____
_____
_____

SPIRITUAL HABITS

DATE:

☐ **SPIRITUAL MENTOR**
TAKEAWAY:
_____
_____
_____

☐ **BIBLE READING PLAN** - PASSAGES READ: _____
☐ **BOOK READING PLAN** - BOOK/PAGES READ: _____
☐ **REFLECTION & PRAYER**
☐ **JOURNAL**
_____
_____
_____
_____
_____
_____
_____

SUCCESS HABITS

☐ **SUCCESS MENTOR**
TAKEAWAY:
_____
_____
_____

☐ **BOOK READING PLAN** - BOOK/PAGES READ: _____
☐ **DAILY GRATITUDE**
_____
_____
_____

☐ **AGENDA REVIEW**
1. _____   4. _____
2. _____   5. _____
3. _____   6. _____

☐ **VISUALIZATION & CONFESSION**
TAKEAWAY:
_____
_____
_____

HEALTH HABITS

DATE:

☐ **GET ACTIVE** - ACTIVITY: _____

☐ **MEAL PLAN**

BREAKFAST: _____ SNACK: _____
SNACK: _____ DINNER: _____
LUNCH: _____ SNACK: _____

☐ **RECORD WHAT I EAT** (IN MY APP OR CHECK OFF THE LIST ABOVE)
☐ **LEARN ABOUT HEALTH & NUTRITION**

TAKEAWAY: _____
_____
_____

☐ **REST** HOURS SLEPT: _____   ☐ **FUN** ACTIVITY: _____

BOOKEND MY DAY

☐ **WHAT DID I GET DONE TODAY?**

1. _____ 4. _____
2. _____ 5. _____
3. _____ 6. _____

☐ **WHAT DID I NOT GET DONE TODAY?**
_____
_____
_____

☐ **WHY DID IT NOT GET DONE?**
_____
_____
_____

☐ **WHAT AM I GOING TO DO TOMORROW?**

1. _____ 4. _____
2. _____ 5. _____
3. _____ 6. _____

☐ **HABIT DEVELOPMENT CHECK-IN**
_____
_____
_____

SPIRITUAL HABITS

DATE:

☐ **SPIRITUAL MENTOR**
TAKEAWAY: _____
_____
_____
_____

☐ **BIBLE READING PLAN** - PASSAGES READ: _____
☐ **BOOK READING PLAN** - BOOK/PAGES READ: _____
☐ **REFLECTION & PRAYER**
☐ **JOURNAL**
_____
_____
_____
_____
_____
_____
_____
_____

SUCCESS HABITS

☐ **SUCCESS MENTOR**
TAKEAWAY: _____
_____
_____
_____

☐ **BOOK READING PLAN** - BOOK/PAGES READ: _____
☐ **DAILY GRATITUDE**
_____
_____
_____
_____

☐ **AGENDA REVIEW**

1. _____   4. _____
2. _____   5. _____
3. _____   6. _____

☐ **VISUALIZATION & CONFESSION**
TAKEAWAY: _____
_____
_____

▲▼▲▼▲▼▲▼▲▼▲▼▲▼▲▼▲▼▲▼▲▼▲▼▲▼

HEALTH HABITS   DATE:

☐ **GET ACTIVE** – ACTIVITY: _____
☐ **MEAL PLAN**

BREAKFAST: _____   SNACK: _____
SNACK: _____   DINNER: _____
LUNCH: _____   SNACK: _____

☐ **RECORD WHAT I EAT**   (IN MY APP OR CHECK OFF THE LIST ABOVE)
☐ **LEARN ABOUT HEALTH & NUTRITION**

TAKEAWAY: _____
_____
_____
_____

☐ **REST** | HOURS SLEPT: _____ | ☐ **FUN** | ACTIVITY: _____ |

BOOKEND MY DAY

☐ **WHAT DID I GET DONE TODAY?**
1. _____   4. _____
2. _____   5. _____
3. _____   6. _____

☐ **WHAT DID I NOT GET DONE TODAY?**
_____
_____
_____
_____

☐ **WHY DID IT NOT GET DONE?**
_____
_____
_____
_____

☐ **WHAT AM I GOING TO DO TOMORROW?**
1. _____   4. _____
2. _____   5. _____
3. _____   6. _____

☐ **HABIT DEVELOPMENT CHECK-IN**
_____
_____
_____
_____

SPIRITUAL HABITS

DATE: _____

☐ **SPIRITUAL MENTOR**
TAKEAWAY: _____
_____
_____
_____

☐ **BIBLE READING PLAN** – PASSAGES READ: _____
☐ **BOOK READING PLAN** – BOOK/PAGES READ: _____
☐ **REFLECTION & PRAYER**
☐ **JOURNAL**
_____
_____
_____
_____
_____
_____
_____

SUCCESS HABITS

☐ **SUCCESS MENTOR**
TAKEAWAY: _____
_____
_____

☐ **BOOK READING PLAN** – BOOK/PAGES READ: _____
☐ **DAILY GRATITUDE**
_____
_____
_____
_____

☐ **AGENDA REVIEW**
1. _____   4. _____
2. _____   5. _____
3. _____   6. _____

☐ **VISUALIZATION & CONFESSION**
TAKEAWAY: _____
_____
_____
_____

▲▼▲▼▲▼▲▼▲▼▲▼▲▼▲▼▲▼▲▼▲▼▲▼▲▼

HEALTH HABITS   DATE:

☐ **GET ACTIVE -** ACTIVITY: _____
☐ **MEAL PLAN**

BREAKFAST: _____   SNACK: _____
SNACK: _____   DINNER: _____
LUNCH: _____   SNACK: _____

☐ **RECORD WHAT I EAT**   (IN MY APP OR CHECK OFF THE LIST ABOVE)
☐ **LEARN ABOUT HEALTH & NUTRITION**

TAKEAWAY: _____
_____
_____

☐ **REST** | HOURS SLEPT: _____ | ☐ **FUN** | ACTIVITY: _____ |

BOOKEND MY DAY

☐ **WHAT DID I GET DONE TODAY?**

1. _____   4. _____
2. _____   5. _____
3. _____   6. _____

☐ **WHAT DID I NOT GET DONE TODAY?**
_____
_____
_____

☐ **WHY DID IT NOT GET DONE?**
_____
_____
_____

☐ **WHAT AM I GOING TO DO TOMORROW?**

1. _____   4. _____
2. _____   5. _____
3. _____   6. _____

☐ **HABIT DEVELOPMENT CHECK-IN**
_____
_____
_____

SPIRITUAL HABITS

DATE:

☐ **SPIRITUAL MENTOR**
TAKEAWAY: _____
_____
_____

☐ **BIBLE READING PLAN** – PASSAGES READ: _____
☐ **BOOK READING PLAN** – BOOK/PAGES READ: _____
☐ **REFLECTION & PRAYER**
☐ **JOURNAL**
_____
_____
_____
_____
_____
_____
_____

SUCCESS HABITS

☐ **SUCCESS MENTOR**
TAKEAWAY: _____
_____
_____

☐ **BOOK READING PLAN** – BOOK/PAGES READ: _____
☐ **DAILY GRATITUDE**
_____
_____
_____

☐ **AGENDA REVIEW**
1. _____ 4. _____
2. _____ 5. _____
3. _____ 6. _____

☐ **VISUALIZATION & CONFESSION**
TAKEAWAY: _____
_____
_____

▲▼▲▼▲▼▲▼▲▼▲▼▲▼▲▼▲▼▲▼▲▼▲▼▲▼

HEALTH HABITS   DATE:

☐ **GET ACTIVE** – ACTIVITY: _____
☐ **MEAL PLAN**
BREAKFAST: _____   SNACK: _____
SNACK: _____   DINNER: _____
LUNCH: _____   SNACK: _____

☐ **RECORD WHAT I EAT**   (IN MY APP OR CHECK OFF THE LIST ABOVE)
☐ **LEARN ABOUT HEALTH & NUTRITION**
TAKEAWAY:
_____
_____
_____

☐ **REST** HOURS SLEPT: _____   ☐ **FUN** ACTIVITY: _____

BOOKEND MY DAY

☐ **WHAT DID I GET DONE TODAY?**
1. _____   4. _____
2. _____   5. _____
3. _____   6. _____

☐ **WHAT DID I NOT GET DONE TODAY?**
_____
_____
_____

☐ **WHY DID IT NOT GET DONE?**
_____
_____
_____

☐ **WHAT AM I GOING TO DO TOMORROW?**
1. _____   4. _____
2. _____   5. _____
3. _____   6. _____

☐ **HABIT DEVELOPMENT CHECK-IN**
_____
_____
_____

SPIRITUAL HABITS

DATE:

☐ **SPIRITUAL MENTOR**
TAKEAWAY: _____
_____
_____
_____

☐ **BIBLE READING PLAN** – PASSAGES READ: _____
☐ **BOOK READING PLAN** – BOOK/PAGES READ: _____
☐ **REFLECTION & PRAYER**
☐ **JOURNAL**
_____
_____
_____
_____
_____
_____
_____
_____

SUCCESS HABITS

☐ **SUCCESS MENTOR**
TAKEAWAY: _____
_____
_____
_____

☐ **BOOK READING PLAN** – BOOK/PAGES READ: _____
☐ **DAILY GRATITUDE**
_____
_____
_____
_____

☐ **AGENDA REVIEW**
1. _____ 4. _____
2. _____ 5. _____
3. _____ 6. _____

☐ **VISUALIZATION & CONFESSION**
TAKEAWAY: _____
_____
_____
_____

▲▼▲▼▲▼▲▼▲▼▲▼▲▼▲▼▲▼▲▼▲▼▲▼

HEALTH HABITS   DATE:

☐ **GET ACTIVE** - ACTIVITY: _____
☐ **MEAL PLAN**

BREAKFAST: _____   SNACK: _____
SNACK: _____   DINNER: _____
LUNCH: _____   SNACK: _____

☐ **RECORD WHAT I EAT**   (IN MY APP OR CHECK OFF THE LIST ABOVE)
☐ **LEARN ABOUT HEALTH & NUTRITION**

TAKEAWAY: _____
_____
_____

☐ **REST** HOURS SLEPT: _____   ☐ **FUN** ACTIVITY: _____

BOOKEND MY DAY

☐ **WHAT DID I GET DONE TODAY?**

1. _____   4. _____
2. _____   5. _____
3. _____   6. _____

☐ **WHAT DID I NOT GET DONE TODAY?**
_____
_____
_____

☐ **WHY DID IT NOT GET DONE?**
_____
_____
_____

☐ **WHAT AM I GOING TO DO TOMORROW?**

1. _____   4. _____
2. _____   5. _____
3. _____   6. _____

☐ **HABIT DEVELOPMENT CHECK-IN**
_____
_____
_____

SPIRITUAL HABITS

DATE:

☐ **SPIRITUAL MENTOR**
TAKEAWAY: _____
_____
_____
_____

☐ **BIBLE READING PLAN** – PASSAGES READ: _____
☐ **BOOK READING PLAN** – BOOK/PAGES READ: _____
☐ **REFLECTION & PRAYER**
☐ **JOURNAL**

_____
_____
_____
_____
_____
_____
_____
_____

SUCCESS HABITS

☐ **SUCCESS MENTOR**
TAKEAWAY: _____
_____
_____
_____

☐ **BOOK READING PLAN** – BOOK/PAGES READ: _____
☐ **DAILY GRATITUDE**

_____
_____
_____
_____

☐ **AGENDA REVIEW**
1. _____   4. _____
2. _____   5. _____
3. _____   6. _____

☐ **VISUALIZATION & CONFESSION**
TAKEAWAY: _____
_____
_____
_____

HEALTH HABITS

DATE: _____

- ☐ **GET ACTIVE** - ACTIVITY: _____
- ☐ **MEAL PLAN**

BREAKFAST: _____ SNACK: _____
SNACK: _____ DINNER: _____
LUNCH: _____ SNACK: _____

- ☐ **RECORD WHAT I EAT** (IN MY APP OR CHECK OFF THE LIST ABOVE)
- ☐ **LEARN ABOUT HEALTH & NUTRITION**

TAKEAWAY:
_____
_____
_____

- ☐ **REST** | HOURS SLEPT: _____ | ☐ **FUN** | ACTIVITY: _____ |

BOOKEND MY DAY

- ☐ **WHAT DID I GET DONE TODAY?**

1. _____ 4. _____
2. _____ 5. _____
3. _____ 6. _____

- ☐ **WHAT DID I NOT GET DONE TODAY?**

_____
_____
_____

- ☐ **WHY DID IT NOT GET DONE?**

_____
_____
_____

- ☐ **WHAT AM I GOING TO DO TOMORROW?**

1. _____ 4. _____
2. _____ 5. _____
3. _____ 6. _____

- ☐ **HABIT DEVELOPMENT CHECK-IN**

_____
_____
_____
_____

SPIRITUAL HABITS

DATE:

☐ **SPIRITUAL MENTOR**
TAKEAWAY:
_____
_____
_____

☐ **BIBLE READING PLAN** – PASSAGES READ: _____
☐ **BOOK READING PLAN** – BOOK/PAGES READ: _____
☐ **REFLECTION & PRAYER**
☐ **JOURNAL**
_____
_____
_____
_____
_____
_____
_____

SUCCESS HABITS

☐ **SUCCESS MENTOR**
TAKEAWAY:
_____
_____
_____

☐ **BOOK READING PLAN** – BOOK/PAGES READ: _____
☐ **DAILY GRATITUDE**
_____
_____
_____

☐ **AGENDA REVIEW**
1. _____   4. _____
2. _____   5. _____
3. _____   6. _____

☐ **VISUALIZATION & CONFESSION**
TAKEAWAY:
_____
_____
_____

HEALTH HABITS

DATE:

- ☐ **GET ACTIVE** - ACTIVITY: _____
- ☐ **MEAL PLAN**

BREAKFAST: _____ SNACK: _____
SNACK: _____ DINNER: _____
LUNCH: _____ SNACK: _____

- ☐ **RECORD WHAT I EAT**   (IN MY APP OR CHECK OFF THE LIST ABOVE)
- ☐ **LEARN ABOUT HEALTH & NUTRITION**

TAKEAWAY: _____
_____
_____
_____

- ☐ **REST** | HOURS SLEPT: _____ | ☐ **FUN** | ACTIVITY: _____ |

BOOKEND MY DAY

- ☐ **WHAT DID I GET DONE TODAY?**

1. _____   4. _____
2. _____   5. _____
3. _____   6. _____

- ☐ **WHAT DID I NOT GET DONE TODAY?**

_____
_____
_____
_____

- ☐ **WHY DID IT NOT GET DONE?**

_____
_____
_____
_____

- ☐ **WHAT AM I GOING TO DO TOMORROW?**

1. _____   4. _____
2. _____   5. _____
3. _____   6. _____

- ☐ **HABIT DEVELOPMENT CHECK-IN**

_____
_____
_____
_____

SPIRITUAL HABITS

DATE:

☐ **SPIRITUAL MENTOR**
TAKEAWAY:
_____
_____
_____

☐ **BIBLE READING PLAN** – PASSAGES READ: _____
☐ **BOOK READING PLAN** – BOOK/PAGES READ: _____
☐ **REFLECTION & PRAYER**
☐ **JOURNAL**
_____
_____
_____
_____
_____
_____
_____
_____

SUCCESS HABITS

☐ **SUCCESS MENTOR**
TAKEAWAY:
_____
_____
_____

☐ **BOOK READING PLAN** – BOOK/PAGES READ: _____
☐ **DAILY GRATITUDE**
_____
_____
_____

☐ **AGENDA REVIEW**
1. _____   4. _____
2. _____   5. _____
3. _____   6. _____

☐ **VISUALIZATION & CONFESSION**
TAKEAWAY:
_____
_____
_____

HEALTH HABITS

DATE: _____

- ☐ **GET ACTIVE** - ACTIVITY: _____
- ☐ **MEAL PLAN**

BREAKFAST: _____ SNACK: _____
SNACK: _____ DINNER: _____
LUNCH: _____ SNACK: _____

- ☐ **RECORD WHAT I EAT** (IN MY APP OR CHECK OFF THE LIST ABOVE)
- ☐ **LEARN ABOUT HEALTH & NUTRITION**

TAKEAWAY:
_____
_____
_____

- ☐ **REST** HOURS SLEPT: _____   ☐ **FUN** ACTIVITY: _____

BOOKEND MY DAY

- ☐ **WHAT DID I GET DONE TODAY?**

1. _____   4. _____
2. _____   5. _____
3. _____   6. _____

- ☐ **WHAT DID I NOT GET DONE TODAY?**

_____
_____
_____

- ☐ **WHY DID IT NOT GET DONE?**

_____
_____
_____

- ☐ **WHAT AM I GOING TO DO TOMORROW?**

1. _____   4. _____
2. _____   5. _____
3. _____   6. _____

- ☐ **HABIT DEVELOPMENT CHECK-IN**

_____
_____
_____
_____

SPIRITUAL HABITS

DATE:

☐ **SPIRITUAL MENTOR**
TAKEAWAY: _____
_____
_____
_____

☐ **BIBLE READING PLAN** – PASSAGES READ: _____
☐ **BOOK READING PLAN** – BOOK/PAGES READ: _____
☐ **REFLECTION & PRAYER**
☐ **JOURNAL**

_____
_____
_____
_____
_____
_____
_____
_____

SUCCESS HABITS

☐ **SUCCESS MENTOR**
TAKEAWAY: _____
_____
_____
_____

☐ **BOOK READING PLAN** – BOOK/PAGES READ: _____
☐ **DAILY GRATITUDE**

_____
_____
_____

☐ **AGENDA REVIEW**
1. _____   4. _____
2. _____   5. _____
3. _____   6. _____

☐ **VISUALIZATION & CONFESSION**
TAKEAWAY: _____
_____
_____
_____

HEALTH HABITS

DATE:

☐ **GET ACTIVE** - ACTIVITY: _____

☐ **MEAL PLAN**

BREAKFAST: _____   SNACK: _____
SNACK: _____   DINNER: _____
LUNCH: _____   SNACK: _____

☐ **RECORD WHAT I EAT**   (IN MY APP OR CHECK OFF THE LIST ABOVE)
☐ **LEARN ABOUT HEALTH & NUTRITION**

TAKEAWAY: _____
_____
_____
_____

☐ **REST** HOURS SLEPT: _____   ☐ **FUN** ACTIVITY: _____

BOOKEND MY DAY

☐ **WHAT DID I GET DONE TODAY?**

1. _____   4. _____
2. _____   5. _____
3. _____   6. _____

☐ **WHAT DID I NOT GET DONE TODAY?**

_____
_____
_____
_____

☐ **WHY DID IT NOT GET DONE?**

_____
_____
_____
_____

☐ **WHAT AM I GOING TO DO TOMORROW?**

1. _____   4. _____
2. _____   5. _____
3. _____   6. _____

☐ **HABIT DEVELOPMENT CHECK-IN**

_____
_____
_____
_____

SPIRITUAL HABITS

DATE:

☐ **SPIRITUAL MENTOR**
TAKEAWAY:
_____
_____
_____

☐ **BIBLE READING PLAN** - PASSAGES READ: _____
☐ **BOOK READING PLAN** - BOOK/PAGES READ: _____
☐ **REFLECTION & PRAYER**
☐ **JOURNAL**
_____
_____
_____
_____
_____
_____
_____

SUCCESS HABITS

☐ **SUCCESS MENTOR**
TAKEAWAY:
_____
_____
_____

☐ **BOOK READING PLAN** - BOOK/PAGES READ: _____
☐ **DAILY GRATITUDE**
_____
_____
_____

☐ **AGENDA REVIEW**
1. _____ 4. _____
2. _____ 5. _____
3. _____ 6. _____

☐ **VISUALIZATION & CONFESSION**
TAKEAWAY:
_____
_____
_____

▲▼▲▼▲▼▲▼▲▼▲▼▲▼▲▼▲▼▲▼▲▼▲▼▲▼

HEALTH HABITS   DATE:

☐ **GET ACTIVE** - ACTIVITY: _____
☐ **MEAL PLAN**

BREAKFAST: _____   SNACK: _____
SNACK: _____   DINNER: _____
LUNCH: _____   SNACK: _____

☐ **RECORD WHAT I EAT**   (IN MY APP OR CHECK OFF THE LIST ABOVE)
☐ **LEARN ABOUT HEALTH & NUTRITION**

TAKEAWAY: _____
_____
_____
_____

☐ **REST** HOURS SLEPT: _____   ☐ **FUN** ACTIVITY: _____

BOOKEND MY DAY

☐ **WHAT DID I GET DONE TODAY?**
1. _____   4. _____
2. _____   5. _____
3. _____   6. _____

☐ **WHAT DID I NOT GET DONE TODAY?**
_____
_____
_____
_____

☐ **WHY DID IT NOT GET DONE?**
_____
_____
_____
_____

☐ **WHAT AM I GOING TO DO TOMORROW?**
1. _____   4. _____
2. _____   5. _____
3. _____   6. _____

☐ **HABIT DEVELOPMENT CHECK-IN**
_____
_____
_____
_____

▲▼▲▼▲▼▲▼▲▼▲▼▲▼▲▼▲▼▲▼▲▼▲▼▲▼

SPIRITUAL HABITS   DATE:

☐ **SPIRITUAL MENTOR**
TAKEAWAY: _____
_____
_____
_____

☐ **BIBLE READING PLAN** – PASSAGES READ: _____
☐ **BOOK READING PLAN** – BOOK/PAGES READ: _____
☐ **REFLECTION & PRAYER**
☐ **JOURNAL**
_____
_____
_____
_____
_____
_____
_____
_____

SUCCESS HABITS

☐ **SUCCESS MENTOR**
TAKEAWAY: _____
_____
_____

☐ **BOOK READING PLAN** – BOOK/PAGES READ: _____
☐ **DAILY GRATITUDE**
_____
_____
_____
_____

☐ **AGENDA REVIEW**
1. _____   4. _____
2. _____   5. _____
3. _____   6. _____

☐ **VISUALIZATION & CONFESSION**
TAKEAWAY: _____
_____
_____
_____

HEALTH HABITS

DATE: _____

☐ **GET ACTIVE -** ACTIVITY: _____
☐ **MEAL PLAN**

BREAKFAST: _____ SNACK: _____
SNACK: _____ DINNER: _____
LUNCH: _____ SNACK: _____

☐ **RECORD WHAT I EAT**   (IN MY APP OR CHECK OFF THE LIST ABOVE)
☐ **LEARN ABOUT HEALTH & NUTRITION**

TAKEAWAY: _____
_____
_____

☐ **REST** HOURS SLEPT: _____   ☐ **FUN** ACTIVITY: _____

BOOKEND MY DAY

☐ **WHAT DID I GET DONE TODAY?**

1. _____ 4. _____
2. _____ 5. _____
3. _____ 6. _____

☐ **WHAT DID I NOT GET DONE TODAY?**
_____
_____
_____
_____

☐ **WHY DID IT NOT GET DONE?**
_____
_____
_____
_____

☐ **WHAT AM I GOING TO DO TOMORROW?**

1. _____ 4. _____
2. _____ 5. _____
3. _____ 6. _____

☐ **HABIT DEVELOPMENT CHECK-IN**
_____
_____
_____
_____

SPIRITUAL HABITS

DATE:

☐ **SPIRITUAL MENTOR**
TAKEAWAY:
_____
_____
_____

☐ **BIBLE READING PLAN** – PASSAGES READ: _____
☐ **BOOK READING PLAN** – BOOK/PAGES READ: _____
☐ **REFLECTION & PRAYER**
☐ **JOURNAL**
_____
_____
_____
_____
_____
_____
_____

SUCCESS HABITS

☐ **SUCCESS MENTOR**
TAKEAWAY:
_____
_____
_____

☐ **BOOK READING PLAN** – BOOK/PAGES READ: _____
☐ **DAILY GRATITUDE**
_____
_____
_____

☐ **AGENDA REVIEW**
1. _____   4. _____
2. _____   5. _____
3. _____   6. _____

☐ **VISUALIZATION & CONFESSION**
TAKEAWAY:
_____
_____
_____

HEALTH HABITS

DATE: _____

- ☐ **GET ACTIVE -** ACTIVITY: _____
- ☐ **MEAL PLAN**

BREAKFAST: _____ SNACK: _____
SNACK: _____ DINNER: _____
LUNCH: _____ SNACK: _____

- ☐ **RECORD WHAT I EAT**   (IN MY APP OR CHECK OFF THE LIST ABOVE)
- ☐ **LEARN ABOUT HEALTH & NUTRITION**

TAKEAWAY:
_____
_____
_____

☐ **REST** | HOURS SLEPT: _____   ☐ **FUN** | ACTIVITY: _____

BOOKEND MY DAY

- ☐ **WHAT DID I GET DONE TODAY?**

1. _____   4. _____
2. _____   5. _____
3. _____   6. _____

- ☐ **WHAT DID I NOT GET DONE TODAY?**

_____
_____
_____

- ☐ **WHY DID IT NOT GET DONE?**

_____
_____
_____

- ☐ **WHAT AM I GOING TO DO TOMORROW?**

1. _____   4. _____
2. _____   5. _____
3. _____   6. _____

- ☐ **HABIT DEVELOPMENT CHECK-IN**

_____
_____
_____

SPIRITUAL HABITS

DATE:

☐ **SPIRITUAL MENTOR**
TAKEAWAY:
_____
_____
_____

☐ **BIBLE READING PLAN** – PASSAGES READ: _____
☐ **BOOK READING PLAN** – BOOK/PAGES READ: _____
☐ **REFLECTION & PRAYER**
☐ **JOURNAL**
_____
_____
_____
_____
_____
_____
_____

SUCCESS HABITS

☐ **SUCCESS MENTOR**
TAKEAWAY:
_____
_____
_____

☐ **BOOK READING PLAN** – BOOK/PAGES READ: _____
☐ **DAILY GRATITUDE**
_____
_____
_____

☐ **AGENDA REVIEW**
1. _____   4. _____
2. _____   5. _____
3. _____   6. _____

☐ **VISUALIZATION & CONFESSION**
TAKEAWAY:
_____
_____
_____
_____

HEALTH HABITS

DATE: _____

☐ **GET ACTIVE** — ACTIVITY: _____

☐ **MEAL PLAN**

BREAKFAST: _____   SNACK: _____
SNACK: _____   DINNER: _____
LUNCH: _____   SNACK: _____

☐ **RECORD WHAT I EAT**   (IN MY APP OR CHECK OFF THE LIST ABOVE)

☐ **LEARN ABOUT HEALTH & NUTRITION**

TAKEAWAY:
_____
_____
_____

☐ **REST** HOURS SLEPT: _____   ☐ **FUN** ACTIVITY: _____

BOOKEND MY DAY

☐ **WHAT DID I GET DONE TODAY?**

1. _____   4. _____
2. _____   5. _____
3. _____   6. _____

☐ **WHAT DID I NOT GET DONE TODAY?**
_____
_____
_____
_____

☐ **WHY DID IT NOT GET DONE?**
_____
_____
_____
_____

☐ **WHAT AM I GOING TO DO TOMORROW?**

1. _____   4. _____
2. _____   5. _____
3. _____   6. _____

☐ **HABIT DEVELOPMENT CHECK-IN**
_____
_____
_____
_____

SPIRITUAL HABITS

DATE:

☐ **SPIRITUAL MENTOR**
TAKEAWAY: _____
_____
_____
_____

☐ **BIBLE READING PLAN** - PASSAGES READ: _____
☐ **BOOK READING PLAN** - BOOK/PAGES READ: _____
☐ **REFLECTION & PRAYER**
☐ **JOURNAL**
_____
_____
_____
_____
_____
_____
_____

SUCCESS HABITS

☐ **SUCCESS MENTOR**
TAKEAWAY: _____
_____
_____
_____

☐ **BOOK READING PLAN** - BOOK/PAGES READ: _____
☐ **DAILY GRATITUDE**
_____
_____
_____
_____

☐ **AGENDA REVIEW**
1. _____   4. _____
2. _____   5. _____
3. _____   6. _____

☐ **VISUALIZATION & CONFESSION**
TAKEAWAY: _____
_____
_____
_____

HEALTH HABITS

DATE: _____

☐ **GET ACTIVE** - ACTIVITY: _____

☐ **MEAL PLAN**

BREAKFAST: _____ SNACK: _____
SNACK: _____ DINNER: _____
LUNCH: _____ SNACK: _____

☐ **RECORD WHAT I EAT**   (IN MY APP OR CHECK OFF THE LIST ABOVE)

☐ **LEARN ABOUT HEALTH & NUTRITION**

TAKEAWAY:
_____
_____
_____

☐ **REST** HOURS SLEPT: _____   ☐ **FUN** ACTIVITY: _____

BOOKEND MY DAY

☐ **WHAT DID I GET DONE TODAY?**

1. _____   4. _____
2. _____   5. _____
3. _____   6. _____

☐ **WHAT DID I NOT GET DONE TODAY?**
_____
_____
_____

☐ **WHY DID IT NOT GET DONE?**
_____
_____
_____

☐ **WHAT AM I GOING TO DO TOMORROW?**

1. _____   4. _____
2. _____   5. _____
3. _____   6. _____

☐ **HABIT DEVELOPMENT CHECK-IN**
_____
_____
_____

SPIRITUAL HABITS

DATE:

☐ **SPIRITUAL MENTOR**
TAKEAWAY: _____
_____
_____
_____

☐ **BIBLE READING PLAN** - PASSAGES READ: _____
☐ **BOOK READING PLAN** - BOOK/PAGES READ: _____
☐ **REFLECTION & PRAYER**
☐ **JOURNAL**
_____
_____
_____
_____
_____
_____
_____

SUCCESS HABITS

☐ **SUCCESS MENTOR**
TAKEAWAY: _____
_____
_____
_____

☐ **BOOK READING PLAN** - BOOK/PAGES READ: _____
☐ **DAILY GRATITUDE**
_____
_____
_____
_____

☐ **AGENDA REVIEW**
1. _____   4. _____
2. _____   5. _____
3. _____   6. _____

☐ **VISUALIZATION & CONFESSION**
TAKEAWAY: _____
_____
_____
_____

HEALTH HABITS

DATE: _____

- ☐ **GET ACTIVE –** ACTIVITY: _____
- ☐ **MEAL PLAN**

BREAKFAST: _____ SNACK: _____
SNACK: _____ DINNER: _____
LUNCH: _____ SNACK: _____

- ☐ **RECORD WHAT I EAT**   (IN MY APP OR CHECK OFF THE LIST ABOVE)
- ☐ **LEARN ABOUT HEALTH & NUTRITION**

TAKEAWAY: _____
_____
_____
_____

- ☐ **REST** HOURS SLEPT: _____   ☐ **FUN** ACTIVITY: _____

BOOKEND MY DAY

- ☐ **WHAT DID I GET DONE TODAY?**

1. _____   4. _____
2. _____   5. _____
3. _____   6. _____

- ☐ **WHAT DID I NOT GET DONE TODAY?**

_____
_____
_____
_____

- ☐ **WHY DID IT NOT GET DONE?**

_____
_____
_____
_____

- ☐ **WHAT AM I GOING TO DO TOMORROW?**

1. _____   4. _____
2. _____   5. _____
3. _____   6. _____

- ☐ **HABIT DEVELOPMENT CHECK-IN**

_____
_____
_____
_____

SPIRITUAL HABITS

DATE:

☐ **SPIRITUAL MENTOR**
TAKEAWAY:
_____
_____
_____

☐ **BIBLE READING PLAN** – PASSAGES READ: _____
☐ **BOOK READING PLAN** – BOOK/PAGES READ: _____
☐ **REFLECTION & PRAYER**
☐ **JOURNAL**
_____
_____
_____
_____
_____
_____
_____

SUCCESS HABITS

☐ **SUCCESS MENTOR**
TAKEAWAY:
_____
_____
_____

☐ **BOOK READING PLAN** – BOOK/PAGES READ: _____
☐ **DAILY GRATITUDE**
_____
_____
_____

☐ **AGENDA REVIEW**
1. _____ 4. _____
2. _____ 5. _____
3. _____ 6. _____

☐ **VISUALIZATION & CONFESSION**
TAKEAWAY:
_____
_____
_____

HEALTH HABITS

DATE:

☐ **GET ACTIVE -** ACTIVITY: _____
☐ **MEAL PLAN**

BREAKFAST: _____   SNACK: _____
SNACK: _____   DINNER: _____
LUNCH: _____   SNACK: _____

☐ **RECORD WHAT I EAT**   (IN MY APP OR CHECK OFF THE LIST ABOVE)
☐ **LEARN ABOUT HEALTH & NUTRITION**

TAKEAWAY: _____
_____
_____
_____

☐ **REST** HOURS SLEPT: _____   ☐ **FUN** ACTIVITY: _____

BOOKEND MY DAY

☐ **WHAT DID I GET DONE TODAY?**

1. _____   4. _____
2. _____   5. _____
3. _____   6. _____

☐ **WHAT DID I NOT GET DONE TODAY?**
_____
_____
_____
_____

☐ **WHY DID IT NOT GET DONE?**
_____
_____
_____
_____

☐ **WHAT AM I GOING TO DO TOMORROW?**

1. _____   4. _____
2. _____   5. _____
3. _____   6. _____

☐ **HABIT DEVELOPMENT CHECK-IN**
_____
_____
_____
_____

SPIRITUAL HABITS

DATE:

☐ **SPIRITUAL MENTOR**
TAKEAWAY: _____
_____
_____
_____

☐ **BIBLE READING PLAN** – PASSAGES READ: _____
☐ **BOOK READING PLAN** – BOOK/PAGES READ: _____
☐ **REFLECTION & PRAYER**
☐ **JOURNAL**

_____
_____
_____
_____
_____
_____
_____
_____

SUCCESS HABITS

☐ **SUCCESS MENTOR**
TAKEAWAY: _____
_____
_____
_____

☐ **BOOK READING PLAN** – BOOK/PAGES READ: _____
☐ **DAILY GRATITUDE**

_____
_____
_____
_____

☐ **AGENDA REVIEW**
1. _____   4. _____
2. _____   5. _____
3. _____   6. _____

☐ **VISUALIZATION & CONFESSION**
TAKEAWAY: _____
_____
_____
_____

HEALTH HABITS

DATE: _____

☐ **GET ACTIVE** - ACTIVITY: _____
☐ **MEAL PLAN**

BREAKFAST: _____   SNACK: _____
SNACK: _____   DINNER: _____
LUNCH: _____   SNACK: _____

☐ **RECORD WHAT I EAT**   (IN MY APP OR CHECK OFF THE LIST ABOVE)
☐ **LEARN ABOUT HEALTH & NUTRITION**

TAKEAWAY: _____
_____
_____
_____

☐ **REST** HOURS SLEPT: _____   ☐ **FUN** ACTIVITY: _____

BOOKEND MY DAY

☐ **WHAT DID I GET DONE TODAY?**

1. _____   4. _____
2. _____   5. _____
3. _____   6. _____

☐ **WHAT DID I NOT GET DONE TODAY?**
_____
_____
_____
_____

☐ **WHY DID IT NOT GET DONE?**
_____
_____
_____
_____

☐ **WHAT AM I GOING TO DO TOMORROW?**

1. _____   4. _____
2. _____   5. _____
3. _____   6. _____

☐ **HABIT DEVELOPMENT CHECK-IN**
_____
_____
_____
_____

SPIRITUAL HABITS

DATE:

☐ **SPIRITUAL MENTOR**
TAKEAWAY: _____
_____
_____

☐ **BIBLE READING PLAN** - PASSAGES READ: _____
☐ **BOOK READING PLAN** - BOOK/PAGES READ: _____
☐ **REFLECTION & PRAYER**
☐ **JOURNAL**
_____
_____
_____
_____
_____
_____
_____

SUCCESS HABITS

☐ **SUCCESS MENTOR**
TAKEAWAY: _____
_____
_____

☐ **BOOK READING PLAN** - BOOK/PAGES READ: _____
☐ **DAILY GRATITUDE**
_____
_____
_____

☐ **AGENDA REVIEW**
1. _____ 4. _____
2. _____ 5. _____
3. _____ 6. _____

☐ **VISUALIZATION & CONFESSION**
TAKEAWAY: _____
_____
_____

HEALTH HABITS

DATE: _____

☐ **GET ACTIVE** - ACTIVITY: _____
☐ **MEAL PLAN**

BREAKFAST: _____ SNACK: _____
SNACK: _____ DINNER: _____
LUNCH: _____ SNACK: _____

☐ **RECORD WHAT I EAT** (IN MY APP OR CHECK OFF THE LIST ABOVE)
☐ **LEARN ABOUT HEALTH & NUTRITION**

TAKEAWAY: _____
_____
_____

☐ **REST** | HOURS SLEPT: _____ | ☐ **FUN** | ACTIVITY: _____ |

BOOKEND MY DAY

☐ **WHAT DID I GET DONE TODAY?**

1. _____   4. _____
2. _____   5. _____
3. _____   6. _____

☐ **WHAT DID I NOT GET DONE TODAY?**

_____
_____
_____
_____

☐ **WHY DID IT NOT GET DONE?**

_____
_____
_____
_____

☐ **WHAT AM I GOING TO DO TOMORROW?**

1. _____   4. _____
2. _____   5. _____
3. _____   6. _____

☐ **HABIT DEVELOPMENT CHECK-IN**

_____
_____
_____
_____

SPIRITUAL HABITS

DATE:

☐ **SPIRITUAL MENTOR**
TAKEAWAY: _____
_____
_____

☐ **BIBLE READING PLAN** – PASSAGES READ: _____
☐ **BOOK READING PLAN** – BOOK/PAGES READ: _____
☐ **REFLECTION & PRAYER**
☐ **JOURNAL**
_____
_____
_____
_____
_____
_____
_____

SUCCESS HABITS

☐ **SUCCESS MENTOR**
TAKEAWAY: _____
_____
_____

☐ **BOOK READING PLAN** – BOOK/PAGES READ: _____
☐ **DAILY GRATITUDE**
_____
_____
_____

☐ **AGENDA REVIEW**
1. _____   4. _____
2. _____   5. _____
3. _____   6. _____

☐ **VISUALIZATION & CONFESSION**
TAKEAWAY: _____
_____
_____

HEALTH HABITS

DATE: _____

- ☐ **GET ACTIVE -** ACTIVITY: _____
- ☐ **MEAL PLAN**

BREAKFAST: _____ SNACK: _____
SNACK: _____ DINNER: _____
LUNCH: _____ SNACK: _____

- ☐ **RECORD WHAT I EAT**   (IN MY APP OR CHECK OFF THE LIST ABOVE)
- ☐ **LEARN ABOUT HEALTH & NUTRITION**

TAKEAWAY: _____
_____
_____
_____

- ☐ **REST** HOURS SLEPT: _____   ☐ **FUN** ACTIVITY: _____

BOOKEND MY DAY

- ☐ **WHAT DID I GET DONE TODAY?**

1. _____   4. _____
2. _____   5. _____
3. _____   6. _____

- ☐ **WHAT DID I NOT GET DONE TODAY?**

_____
_____
_____

- ☐ **WHY DID IT NOT GET DONE?**

_____
_____
_____
_____

- ☐ **WHAT AM I GOING TO DO TOMORROW?**

1. _____   4. _____
2. _____   5. _____
3. _____   6. _____

- ☐ **HABIT DEVELOPMENT CHECK-IN**

_____
_____
_____

SPIRITUAL HABITS

DATE:

☐ **SPIRITUAL MENTOR**
TAKEAWAY:
_____
_____
_____

☐ **BIBLE READING PLAN** – PASSAGES READ: _____
☐ **BOOK READING PLAN** – BOOK/PAGES READ: _____
☐ **REFLECTION & PRAYER**
☐ **JOURNAL**
_____
_____
_____
_____
_____
_____
_____

SUCCESS HABITS

☐ **SUCCESS MENTOR**
TAKEAWAY:
_____
_____
_____

☐ **BOOK READING PLAN** – BOOK/PAGES READ: _____
☐ **DAILY GRATITUDE**
_____
_____
_____

☐ **AGENDA REVIEW**
1. _____   4. _____
2. _____   5. _____
3. _____   6. _____

☐ **VISUALIZATION & CONFESSION**
TAKEAWAY:
_____
_____
_____

▲▼▲▼▲▼▲▼▲▼▲▼▲▼▲▼▲▼▲▼▲▼▲▼▲▼

HEALTH HABITS   DATE:

☐ **GET ACTIVE** - ACTIVITY: _____
☐ **MEAL PLAN**

BREAKFAST: _____   SNACK: _____
SNACK: _____   DINNER: _____
LUNCH: _____   SNACK: _____

☐ **RECORD WHAT I EAT**   (IN MY APP OR CHECK OFF THE LIST ABOVE)
☐ **LEARN ABOUT HEALTH & NUTRITION**

TAKEAWAY: _____
_____
_____

☐ **REST** HOURS SLEPT: _____   ☐ **FUN** ACTIVITY: _____

BOOKEND MY DAY

☐ **WHAT DID I GET DONE TODAY?**

1. _____   4. _____
2. _____   5. _____
3. _____   6. _____

☐ **WHAT DID I NOT GET DONE TODAY?**

_____
_____
_____

☐ **WHY DID IT NOT GET DONE?**

_____
_____
_____

☐ **WHAT AM I GOING TO DO TOMORROW?**

1. _____   4. _____
2. _____   5. _____
3. _____   6. _____

☐ **HABIT DEVELOPMENT CHECK-IN**

_____
_____
_____
_____

SPIRITUAL HABITS

DATE:

☐ **SPIRITUAL MENTOR**
TAKEAWAY: _____
_____
_____
_____

☐ **BIBLE READING PLAN** – PASSAGES READ: _____
☐ **BOOK READING PLAN** – BOOK/PAGES READ: _____
☐ **REFLECTION & PRAYER**
☐ **JOURNAL**
_____
_____
_____
_____
_____
_____
_____
_____

SUCCESS HABITS

☐ **SUCCESS MENTOR**
TAKEAWAY: _____
_____
_____

☐ **BOOK READING PLAN** – BOOK/PAGES READ: _____
☐ **DAILY GRATITUDE**
_____
_____
_____

☐ **AGENDA REVIEW**
1. _____ 4. _____
2. _____ 5. _____
3. _____ 6. _____

☐ **VISUALIZATION & CONFESSION**
TAKEAWAY: _____
_____
_____

HEALTH HABITS

DATE: _____

- ☐ **GET ACTIVE** - ACTIVITY: _____
- ☐ **MEAL PLAN**

BREAKFAST: _____ SNACK: _____
SNACK: _____ DINNER: _____
LUNCH: _____ SNACK: _____

- ☐ **RECORD WHAT I EAT**   (IN MY APP OR CHECK OFF THE LIST ABOVE)
- ☐ **LEARN ABOUT HEALTH & NUTRITION**

TAKEAWAY: _____
_____
_____

- ☐ **REST** HOURS SLEPT: _____   ☐ **FUN** ACTIVITY: _____

BOOKEND MY DAY

- ☐ **WHAT DID I GET DONE TODAY?**

1. _____   4. _____
2. _____   5. _____
3. _____   6. _____

- ☐ **WHAT DID I NOT GET DONE TODAY?**

_____
_____
_____

- ☐ **WHY DID IT NOT GET DONE?**

_____
_____
_____

- ☐ **WHAT AM I GOING TO DO TOMORROW?**

1. _____   4. _____
2. _____   5. _____
3. _____   6. _____

- ☐ **HABIT DEVELOPMENT CHECK-IN**

_____
_____
_____
_____

SPIRITUAL HABITS

DATE:

☐ **SPIRITUAL MENTOR**
TAKEAWAY:
_____
_____
_____

☐ **BIBLE READING PLAN** - PASSAGES READ: _____
☐ **BOOK READING PLAN** - BOOK/PAGES READ: _____
☐ **REFLECTION & PRAYER**
☐ **JOURNAL**
_____
_____
_____
_____
_____
_____

SUCCESS HABITS

☐ **SUCCESS MENTOR**
TAKEAWAY:
_____
_____
_____

☐ **BOOK READING PLAN** - BOOK/PAGES READ: _____
☐ **DAILY GRATITUDE**
_____
_____
_____

☐ **AGENDA REVIEW**
1. _____   4. _____
2. _____   5. _____
3. _____   6. _____

☐ **VISUALIZATION & CONFESSION**
TAKEAWAY:
_____
_____
_____

HEALTH HABITS

DATE:

- ☐ **GET ACTIVE -** ACTIVITY: _____
- ☐ **MEAL PLAN**

BREAKFAST: _____   SNACK: _____
SNACK: _____   DINNER: _____
LUNCH: _____   SNACK: _____

- ☐ **RECORD WHAT I EAT**   (IN MY APP OR CHECK OFF THE LIST ABOVE)
- ☐ **LEARN ABOUT HEALTH & NUTRITION**

TAKEAWAY: _____
_____
_____
_____

- ☐ **REST** HOURS SLEPT: _____   ☐ **FUN** ACTIVITY: _____

BOOKEND MY DAY

- ☐ **WHAT DID I GET DONE TODAY?**

1. _____   4. _____
2. _____   5. _____
3. _____   6. _____

- ☐ **WHAT DID I NOT GET DONE TODAY?**

_____
_____
_____
_____

- ☐ **WHY DID IT NOT GET DONE?**

_____
_____
_____
_____

- ☐ **WHAT AM I GOING TO DO TOMORROW?**

1. _____   4. _____
2. _____   5. _____
3. _____   6. _____

- ☐ **HABIT DEVELOPMENT CHECK-IN**

_____
_____
_____
_____

SPIRITUAL HABITS

DATE:

☐ **SPIRITUAL MENTOR**
TAKEAWAY: _____
_____
_____
_____

☐ **BIBLE READING PLAN** – PASSAGES READ: _____
☐ **BOOK READING PLAN** – BOOK/PAGES READ: _____
☐ **REFLECTION & PRAYER**
☐ **JOURNAL**

_____
_____
_____
_____
_____
_____
_____
_____

SUCCESS HABITS

☐ **SUCCESS MENTOR**
TAKEAWAY: _____
_____
_____
_____

☐ **BOOK READING PLAN** – BOOK/PAGES READ: _____
☐ **DAILY GRATITUDE**

_____
_____
_____
_____

☐ **AGENDA REVIEW**
1. _____   4. _____
2. _____   5. _____
3. _____   6. _____

☐ **VISUALIZATION & CONFESSION**
TAKEAWAY: _____
_____
_____
_____

HEALTH HABITS

DATE: _____

☐ **GET ACTIVE** - ACTIVITY: _____

☐ **MEAL PLAN**

BREAKFAST: _____ SNACK: _____
SNACK: _____ DINNER: _____
LUNCH: _____ SNACK: _____

☐ **RECORD WHAT I EAT** (IN MY APP OR CHECK OFF THE LIST ABOVE)
☐ **LEARN ABOUT HEALTH & NUTRITION**

TAKEAWAY: _____
_____
_____
_____

☐ **REST** HOURS SLEPT: _____   ☐ **FUN** ACTIVITY: _____

BOOKEND MY DAY

☐ **WHAT DID I GET DONE TODAY?**

1. _____   4. _____
2. _____   5. _____
3. _____   6. _____

☐ **WHAT DID I NOT GET DONE TODAY?**
_____
_____
_____
_____

☐ **WHY DID IT NOT GET DONE?**
_____
_____
_____
_____

☐ **WHAT AM I GOING TO DO TOMORROW?**

1. _____   4. _____
2. _____   5. _____
3. _____   6. _____

☐ **HABIT DEVELOPMENT CHECK-IN**
_____
_____
_____
_____

SPIRITUAL HABITS

DATE:

☐ **SPIRITUAL MENTOR**
TAKEAWAY: _____
_____
_____
_____

☐ **BIBLE READING PLAN** – PASSAGES READ: _____
☐ **BOOK READING PLAN** – BOOK/PAGES READ: _____
☐ **REFLECTION & PRAYER**
☐ **JOURNAL**
_____
_____
_____
_____
_____
_____
_____

SUCCESS HABITS

☐ **SUCCESS MENTOR**
TAKEAWAY: _____
_____
_____
_____

☐ **BOOK READING PLAN** – BOOK/PAGES READ: _____
☐ **DAILY GRATITUDE**
_____
_____
_____
_____

☐ **AGENDA REVIEW**
1. _____   4. _____
2. _____   5. _____
3. _____   6. _____

☐ **VISUALIZATION & CONFESSION**
TAKEAWAY: _____
_____
_____
_____

HEALTH HABITS

DATE: _____

☐ **GET ACTIVE –** ACTIVITY: _____
☐ **MEAL PLAN**

BREAKFAST: _____   SNACK: _____
SNACK: _____   DINNER: _____
LUNCH: _____   SNACK: _____

☐ **RECORD WHAT I EAT**   (IN MY APP OR CHECK OFF THE LIST ABOVE)
☐ **LEARN ABOUT HEALTH & NUTRITION**
TAKEAWAY: _____
_____
_____
_____

☐ **REST** HOURS SLEPT: _____   ☐ **FUN**   ACTIVITY: _____

BOOKEND MY DAY

☐ **WHAT DID I GET DONE TODAY?**
1. _____   4. _____
2. _____   5. _____
3. _____   6. _____

☐ **WHAT DID I NOT GET DONE TODAY?**
_____
_____
_____
_____

☐ **WHY DID IT NOT GET DONE?**
_____
_____
_____
_____

☐ **WHAT AM I GOING TO DO TOMORROW?**
1. _____   4. _____
2. _____   5. _____
3. _____   6. _____

☐ **HABIT DEVELOPMENT CHECK-IN**
_____
_____
_____
_____

SPIRITUAL HABITS

DATE:

☐ **SPIRITUAL MENTOR**
TAKEAWAY: _____
_____
_____
_____

☐ **BIBLE READING PLAN** – PASSAGES READ: _____
☐ **BOOK READING PLAN** – BOOK/PAGES READ: _____
☐ **REFLECTION & PRAYER**
☐ **JOURNAL**
_____
_____
_____
_____
_____
_____
_____

SUCCESS HABITS

☐ **SUCCESS MENTOR**
TAKEAWAY: _____
_____
_____
_____

☐ **BOOK READING PLAN** – BOOK/PAGES READ: _____
☐ **DAILY GRATITUDE**
_____
_____
_____
_____

☐ **AGENDA REVIEW**
1. _____ 4. _____
2. _____ 5. _____
3. _____ 6. _____

☐ **VISUALIZATION & CONFESSION**
TAKEAWAY: _____
_____
_____
_____

HEALTH HABITS

DATE:

☐ **GET ACTIVE** – ACTIVITY: _____
☐ **MEAL PLAN**

BREAKFAST: _____ SNACK: _____
SNACK: _____ DINNER: _____
LUNCH: _____ SNACK: _____

☐ **RECORD WHAT I EAT** (IN MY APP OR CHECK OFF THE LIST ABOVE)
☐ **LEARN ABOUT HEALTH & NUTRITION**

TAKEAWAY: _____
_____
_____

☐ **REST** HOURS SLEPT: _____ ☐ **FUN** ACTIVITY: _____

BOOKEND MY DAY

☐ **WHAT DID I GET DONE TODAY?**
1. _____ 4. _____
2. _____ 5. _____
3. _____ 6. _____

☐ **WHAT DID I NOT GET DONE TODAY?**
_____
_____
_____

☐ **WHY DID IT NOT GET DONE?**
_____
_____
_____

☐ **WHAT AM I GOING TO DO TOMORROW?**
1. _____ 4. _____
2. _____ 5. _____
3. _____ 6. _____

☐ **HABIT DEVELOPMENT CHECK-IN**
_____
_____
_____

SPIRITUAL HABITS

DATE:

- ☐ **SPIRITUAL MENTOR**
TAKEAWAY: _____
_____
_____
_____

- ☐ **BIBLE READING PLAN** – PASSAGES READ: _____
- ☐ **BOOK READING PLAN** – BOOK/PAGES READ: _____
- ☐ **REFLECTION & PRAYER**
- ☐ **JOURNAL**

_____
_____
_____
_____
_____
_____
_____
_____

SUCCESS HABITS

- ☐ **SUCCESS MENTOR**
TAKEAWAY: _____
_____
_____
_____

- ☐ **BOOK READING PLAN** – BOOK/PAGES READ: _____
- ☐ **DAILY GRATITUDE**

_____
_____
_____
_____

- ☐ **AGENDA REVIEW**
  1. _____ 4. _____
  2. _____ 5. _____
  3. _____ 6. _____

- ☐ **VISUALIZATION & CONFESSION**
TAKEAWAY: _____
_____
_____
_____

HEALTH HABITS

DATE:

☐ **GET ACTIVE** – ACTIVITY: _____
☐ **MEAL PLAN**

BREAKFAST: _____ SNACK: _____
SNACK: _____ DINNER: _____
LUNCH: _____ SNACK: _____

☐ **RECORD WHAT I EAT**   (IN MY APP OR CHECK OFF THE LIST ABOVE)
☐ **LEARN ABOUT HEALTH & NUTRITION**

TAKEAWAY: _____
_____
_____
_____

☐ **REST** HOURS SLEPT: _____   ☐ **FUN** ACTIVITY: _____

BOOKEND MY DAY

☐ **WHAT DID I GET DONE TODAY?**

1. _____   4. _____
2. _____   5. _____
3. _____   6. _____

☐ **WHAT DID I NOT GET DONE TODAY?**
_____
_____
_____

☐ **WHY DID IT NOT GET DONE?**
_____
_____
_____

☐ **WHAT AM I GOING TO DO TOMORROW?**

1. _____   4. _____
2. _____   5. _____
3. _____   6. _____

☐ **HABIT DEVELOPMENT CHECK-IN**
_____
_____
_____
_____

SPIRITUAL HABITS

DATE:

☐ **SPIRITUAL MENTOR**
TAKEAWAY:
_____
_____
_____
_____

☐ **BIBLE READING PLAN** - PASSAGES READ: _____
☐ **BOOK READING PLAN** - BOOK/PAGES READ: _____
☐ **REFLECTION & PRAYER**
☐ **JOURNAL**
_____
_____
_____
_____
_____
_____
_____

SUCCESS HABITS

☐ **SUCCESS MENTOR**
TAKEAWAY:
_____
_____
_____

☐ **BOOK READING PLAN** - BOOK/PAGES READ: _____
☐ **DAILY GRATITUDE**
_____
_____
_____
_____

☐ **AGENDA REVIEW**
1. _____   4. _____
2. _____   5. _____
3. _____   6. _____

☐ **VISUALIZATION & CONFESSION**
TAKEAWAY:
_____
_____
_____

HEALTH HABITS

DATE:

☐ **GET ACTIVE** - ACTIVITY: _____
☐ **MEAL PLAN**

BREAKFAST: _____ SNACK: _____
SNACK: _____ DINNER: _____
LUNCH: _____ SNACK: _____

☐ **RECORD WHAT I EAT** (IN MY APP OR CHECK OFF THE LIST ABOVE)
☐ **LEARN ABOUT HEALTH & NUTRITION**

TAKEAWAY: _____
_____
_____
_____

☐ **REST** | HOURS SLEPT: _____ | ☐ **FUN** | ACTIVITY: _____

BOOKEND MY DAY

☐ **WHAT DID I GET DONE TODAY?**

1. _____ 4. _____
2. _____ 5. _____
3. _____ 6. _____

☐ **WHAT DID I NOT GET DONE TODAY?**

_____
_____
_____
_____

☐ **WHY DID IT NOT GET DONE?**

_____
_____
_____
_____

☐ **WHAT AM I GOING TO DO TOMORROW?**

1. _____ 4. _____
2. _____ 5. _____
3. _____ 6. _____

☐ **HABIT DEVELOPMENT CHECK-IN**

_____
_____
_____
_____

SPIRITUAL HABITS   DATE:

☐ **SPIRITUAL MENTOR**
TAKEAWAY: _____
_____
_____
_____

☐ **BIBLE READING PLAN** – PASSAGES READ: _____
☐ **BOOK READING PLAN** – BOOK/PAGES READ: _____
☐ **REFLECTION & PRAYER**
☐ **JOURNAL**
_____
_____
_____
_____
_____
_____
_____
_____

SUCCESS HABITS

☐ **SUCCESS MENTOR**
TAKEAWAY: _____
_____
_____
_____

☐ **BOOK READING PLAN** – BOOK/PAGES READ: _____
☐ **DAILY GRATITUDE**
_____
_____
_____
_____

☐ **AGENDA REVIEW**
1. _____   4. _____
2. _____   5. _____
3. _____   6. _____

☐ **VISUALIZATION & CONFESSION**
TAKEAWAY: _____
_____
_____
_____

HEALTH HABITS

DATE: _____

☐ **GET ACTIVE** - ACTIVITY: _____

☐ **MEAL PLAN**

BREAKFAST: _____ SNACK: _____
SNACK: _____ DINNER: _____
LUNCH: _____ SNACK: _____

☐ **RECORD WHAT I EAT** (IN MY APP OR CHECK OFF THE LIST ABOVE)

☐ **LEARN ABOUT HEALTH & NUTRITION**

TAKEAWAY: _____
_____
_____
_____

☐ **REST** HOURS SLEPT: _____   ☐ **FUN** ACTIVITY: _____

BOOKEND MY DAY

☐ **WHAT DID I GET DONE TODAY?**

1. _____   4. _____
2. _____   5. _____
3. _____   6. _____

☐ **WHAT DID I NOT GET DONE TODAY?**

_____
_____
_____
_____

☐ **WHY DID IT NOT GET DONE?**

_____
_____
_____
_____

☐ **WHAT AM I GOING TO DO TOMORROW?**

1. _____   4. _____
2. _____   5. _____
3. _____   6. _____

☐ **HABIT DEVELOPMENT CHECK-IN**

_____
_____
_____
_____

SPIRITUAL HABITS

DATE:

☐ **SPIRITUAL MENTOR**
TAKEAWAY: _____
_____
_____
_____

☐ **BIBLE READING PLAN** - PASSAGES READ: _____
☐ **BOOK READING PLAN** - BOOK/PAGES READ: _____
☐ **REFLECTION & PRAYER**
☐ **JOURNAL**

_____
_____
_____
_____
_____
_____
_____
_____

SUCCESS HABITS

☐ **SUCCESS MENTOR**
TAKEAWAY: _____
_____
_____
_____

☐ **BOOK READING PLAN** - BOOK/PAGES READ: _____
☐ **DAILY GRATITUDE**

_____
_____
_____

☐ **AGENDA REVIEW**
1. _____   4. _____
2. _____   5. _____
3. _____   6. _____

☐ **VISUALIZATION & CONFESSION**
TAKEAWAY: _____
_____
_____
_____

HEALTH HABITS

DATE: _____

☐ **GET ACTIVE** - ACTIVITY: _____

☐ **MEAL PLAN**

BREAKFAST: _____ SNACK: _____
SNACK: _____ DINNER: _____
LUNCH: _____ SNACK: _____

☐ **RECORD WHAT I EAT** (IN MY APP OR CHECK OFF THE LIST ABOVE)

☐ **LEARN ABOUT HEALTH & NUTRITION**

TAKEAWAY: _____
_____
_____
_____

☐ **REST** HOURS SLEPT: _____   ☐ **FUN** ACTIVITY: _____

BOOKEND MY DAY

☐ **WHAT DID I GET DONE TODAY?**

1. _____   4. _____
2. _____   5. _____
3. _____   6. _____

☐ **WHAT DID I NOT GET DONE TODAY?**

_____
_____
_____
_____

☐ **WHY DID IT NOT GET DONE?**

_____
_____
_____
_____

☐ **WHAT AM I GOING TO DO TOMORROW?**

1. _____   4. _____
2. _____   5. _____
3. _____   6. _____

☐ **HABIT DEVELOPMENT CHECK-IN**

_____
_____
_____
_____

SPIRITUAL HABITS

DATE:

☐ **SPIRITUAL MENTOR**
TAKEAWAY: _____
_____
_____
_____

☐ **BIBLE READING PLAN** – PASSAGES READ: _____
☐ **BOOK READING PLAN** – BOOK/PAGES READ: _____
☐ **REFLECTION & PRAYER**
☐ **JOURNAL**
_____
_____
_____
_____
_____
_____
_____
_____

SUCCESS HABITS

☐ **SUCCESS MENTOR**
TAKEAWAY: _____
_____
_____
_____

☐ **BOOK READING PLAN** – BOOK/PAGES READ: _____
☐ **DAILY GRATITUDE**
_____
_____
_____

☐ **AGENDA REVIEW**
1. _____ 4. _____
2. _____ 5. _____
3. _____ 6. _____

☐ **VISUALIZATION & CONFESSION**
TAKEAWAY: _____
_____
_____

HEALTH HABITS

DATE: _____

☐ **GET ACTIVE** — ACTIVITY: _____

☐ **MEAL PLAN**

BREAKFAST: _____ SNACK: _____
SNACK: _____ DINNER: _____
LUNCH: _____ SNACK: _____

☐ **RECORD WHAT I EAT**   (IN MY APP OR CHECK OFF THE LIST ABOVE)

☐ **LEARN ABOUT HEALTH & NUTRITION**

TAKEAWAY: _____
_____
_____

☐ **REST**   HOURS SLEPT: _____   ☐ **FUN**   ACTIVITY: _____

BOOKEND MY DAY

☐ **WHAT DID I GET DONE TODAY?**

1. _____   4. _____
2. _____   5. _____
3. _____   6. _____

☐ **WHAT DID I NOT GET DONE TODAY?**

_____
_____
_____

☐ **WHY DID IT NOT GET DONE?**

_____
_____
_____

☐ **WHAT AM I GOING TO DO TOMORROW?**

1. _____   4. _____
2. _____   5. _____
3. _____   6. _____

☐ **HABIT DEVELOPMENT CHECK-IN**

_____
_____
_____

SPIRITUAL HABITS

DATE: _____

☐ **SPIRITUAL MENTOR**
TAKEAWAY: _____
_____
_____
_____

☐ **BIBLE READING PLAN** – PASSAGES READ: _____
☐ **BOOK READING PLAN** – BOOK/PAGES READ: _____
☐ **REFLECTION & PRAYER**
☐ **JOURNAL**
_____
_____
_____
_____
_____
_____
_____

SUCCESS HABITS

☐ **SUCCESS MENTOR**
TAKEAWAY: _____
_____
_____
_____

☐ **BOOK READING PLAN** – BOOK/PAGES READ: _____
☐ **DAILY GRATITUDE**
_____
_____
_____

☐ **AGENDA REVIEW**
1. _____   4. _____
2. _____   5. _____
3. _____   6. _____

☐ **VISUALIZATION & CONFESSION**
TAKEAWAY: _____
_____
_____
_____

HEALTH HABITS

DATE: _____

☐ **GET ACTIVE** – ACTIVITY: _____

☐ **MEAL PLAN**

BREAKFAST: _____ SNACK: _____
SNACK: _____ DINNER: _____
LUNCH: _____ SNACK: _____

☐ **RECORD WHAT I EAT** (IN MY APP OR CHECK OFF THE LIST ABOVE)

☐ **LEARN ABOUT HEALTH & NUTRITION**

TAKEAWAY: _____
_____
_____
_____

☐ **REST** | HOURS SLEPT: _____ | ☐ **FUN** | ACTIVITY: _____ |

BOOKEND MY DAY

☐ **WHAT DID I GET DONE TODAY?**

1. _____ 4. _____
2. _____ 5. _____
3. _____ 6. _____

☐ **WHAT DID I NOT GET DONE TODAY?**
_____
_____
_____

☐ **WHY DID IT NOT GET DONE?**
_____
_____
_____

☐ **WHAT AM I GOING TO DO TOMORROW?**

1. _____ 4. _____
2. _____ 5. _____
3. _____ 6. _____

☐ **HABIT DEVELOPMENT CHECK-IN**
_____
_____
_____
_____

SPIRITUAL HABITS

DATE:

☐ **SPIRITUAL MENTOR**
TAKEAWAY: _____
_____
_____
_____

☐ **BIBLE READING PLAN** - PASSAGES READ: _____
☐ **BOOK READING PLAN** - BOOK/PAGES READ: _____
☐ **REFLECTION & PRAYER**
☐ **JOURNAL**
_____
_____
_____
_____
_____
_____
_____
_____

SUCCESS HABITS

☐ **SUCCESS MENTOR**
TAKEAWAY: _____
_____
_____
_____

☐ **BOOK READING PLAN** - BOOK/PAGES READ: _____
☐ **DAILY GRATITUDE**
_____
_____
_____
_____

☐ **AGENDA REVIEW**
1. _____   4. _____
2. _____   5. _____
3. _____   6. _____

☐ **VISUALIZATION & CONFESSION**
TAKEAWAY: _____
_____
_____
_____

HEALTH HABITS

DATE:

☐ **GET ACTIVE** - ACTIVITY: _____
☐ **MEAL PLAN**

BREAKFAST: _____ SNACK: _____
SNACK: _____ DINNER: _____
LUNCH: _____ SNACK: _____

☐ **RECORD WHAT I EAT** (IN MY APP OR CHECK OFF THE LIST ABOVE)
☐ **LEARN ABOUT HEALTH & NUTRITION**

TAKEAWAY: _____
_____
_____
_____

☐ **REST** HOURS SLEPT: _____   ☐ **FUN** ACTIVITY: _____

BOOKEND MY DAY

☐ **WHAT DID I GET DONE TODAY?**

1. _____ 4. _____
2. _____ 5. _____
3. _____ 6. _____

☐ **WHAT DID I NOT GET DONE TODAY?**
_____
_____
_____
_____

☐ **WHY DID IT NOT GET DONE?**
_____
_____
_____
_____

☐ **WHAT AM I GOING TO DO TOMORROW?**

1. _____ 4. _____
2. _____ 5. _____
3. _____ 6. _____

☐ **HABIT DEVELOPMENT CHECK-IN**
_____
_____
_____
_____

SPIRITUAL HABITS

DATE: _____

☐ **SPIRITUAL MENTOR**
TAKEAWAY: _____
_____
_____
_____

☐ **BIBLE READING PLAN** – PASSAGES READ: _____
☐ **BOOK READING PLAN** – BOOK/PAGES READ: _____
☐ **REFLECTION & PRAYER**
☐ **JOURNAL**
_____
_____
_____
_____
_____
_____
_____

SUCCESS HABITS

☐ **SUCCESS MENTOR**
TAKEAWAY: _____
_____
_____
_____

☐ **BOOK READING PLAN** – BOOK/PAGES READ: _____
☐ **DAILY GRATITUDE**
_____
_____
_____

☐ **AGENDA REVIEW**

1. _____   4. _____
2. _____   5. _____
3. _____   6. _____

☐ **VISUALIZATION & CONFESSION**
TAKEAWAY: _____
_____
_____
_____

HEALTH HABITS   DATE:

- ☐ **GET ACTIVE** — ACTIVITY: _____
- ☐ **MEAL PLAN**

BREAKFAST: _____   SNACK: _____
SNACK: _____   DINNER: _____
LUNCH: _____   SNACK: _____

- ☐ **RECORD WHAT I EAT**   (IN MY APP OR CHECK OFF THE LIST ABOVE)
- ☐ **LEARN ABOUT HEALTH & NUTRITION**

TAKEAWAY: _____
_____
_____
_____

- ☐ **REST** HOURS SLEPT: _____   ☐ **FUN** ACTIVITY: _____

BOOKEND MY DAY

- ☐ **WHAT DID I GET DONE TODAY?**

1. _____   4. _____
2. _____   5. _____
3. _____   6. _____

- ☐ **WHAT DID I NOT GET DONE TODAY?**

_____
_____
_____

- ☐ **WHY DID IT NOT GET DONE?**

_____
_____
_____

- ☐ **WHAT AM I GOING TO DO TOMORROW?**

1. _____   4. _____
2. _____   5. _____
3. _____   6. _____

- ☐ **HABIT DEVELOPMENT CHECK-IN**

_____
_____
_____
_____

SPIRITUAL HABITS

DATE:

☐ **SPIRITUAL MENTOR**
TAKEAWAY: _____
_____
_____

☐ **BIBLE READING PLAN** – PASSAGES READ: _____
☐ **BOOK READING PLAN** – BOOK/PAGES READ: _____
☐ **REFLECTION & PRAYER**
☐ **JOURNAL**
_____
_____
_____
_____
_____
_____
_____

SUCCESS HABITS

☐ **SUCCESS MENTOR**
TAKEAWAY: _____
_____
_____

☐ **BOOK READING PLAN** – BOOK/PAGES READ: _____
☐ **DAILY GRATITUDE**
_____
_____
_____

☐ **AGENDA REVIEW**
1. _____   4. _____
2. _____   5. _____
3. _____   6. _____

☐ **VISUALIZATION & CONFESSION**
TAKEAWAY: _____
_____
_____

HEALTH HABITS

DATE: _____

- ☐ **GET ACTIVE** — ACTIVITY: _____
- ☐ **MEAL PLAN**

BREAKFAST: _____ SNACK: _____
SNACK: _____ DINNER: _____
LUNCH: _____ SNACK: _____

- ☐ **RECORD WHAT I EAT** (IN MY APP OR CHECK OFF THE LIST ABOVE)
- ☐ **LEARN ABOUT HEALTH & NUTRITION**

TAKEAWAY: _____
_____
_____
_____

☐ **REST** | HOURS SLEPT: _____ ☐ **FUN** | ACTIVITY: _____

BOOKEND MY DAY

- ☐ **WHAT DID I GET DONE TODAY?**

1. _____ 4. _____
2. _____ 5. _____
3. _____ 6. _____

- ☐ **WHAT DID I NOT GET DONE TODAY?**

_____
_____
_____
_____

- ☐ **WHY DID IT NOT GET DONE?**

_____
_____
_____
_____

- ☐ **WHAT AM I GOING TO DO TOMORROW?**

1. _____ 4. _____
2. _____ 5. _____
3. _____ 6. _____

- ☐ **HABIT DEVELOPMENT CHECK-IN**

_____
_____
_____
_____

SPIRITUAL HABITS

DATE:

☐ **SPIRITUAL MENTOR**
TAKEAWAY: _____
_____
_____
_____

☐ **BIBLE READING PLAN** - PASSAGES READ: _____
☐ **BOOK READING PLAN** - BOOK/PAGES READ: _____
☐ **REFLECTION & PRAYER**
☐ **JOURNAL**

_____
_____
_____
_____
_____
_____
_____
_____

SUCCESS HABITS

☐ **SUCCESS MENTOR**
TAKEAWAY: _____
_____
_____
_____

☐ **BOOK READING PLAN** - BOOK/PAGES READ: _____
☐ **DAILY GRATITUDE**

_____
_____
_____
_____

☐ **AGENDA REVIEW**
1. _____   4. _____
2. _____   5. _____
3. _____   6. _____

☐ **VISUALIZATION & CONFESSION**
TAKEAWAY: _____
_____
_____
_____

HEALTH HABITS

DATE: _____

☐ **GET ACTIVE** – ACTIVITY: _____

☐ **MEAL PLAN**

BREAKFAST: _____ SNACK: _____
SNACK: _____ DINNER: _____
LUNCH: _____ SNACK: _____

☐ **RECORD WHAT I EAT**   (IN MY APP OR CHECK OFF THE LIST ABOVE)

☐ **LEARN ABOUT HEALTH & NUTRITION**

TAKEAWAY: _____
_____
_____

☐ **REST** HOURS SLEPT: _____   ☐ **FUN** ACTIVITY: _____

BOOKEND MY DAY

☐ **WHAT DID I GET DONE TODAY?**

1. _____   4. _____
2. _____   5. _____
3. _____   6. _____

☐ **WHAT DID I NOT GET DONE TODAY?**

_____
_____
_____

☐ **WHY DID IT NOT GET DONE?**

_____
_____
_____

☐ **WHAT AM I GOING TO DO TOMORROW?**

1. _____   4. _____
2. _____   5. _____
3. _____   6. _____

☐ **HABIT DEVELOPMENT CHECK-IN**

_____
_____
_____
_____

SPIRITUAL HABITS

DATE:

- ☐ **SPIRITUAL MENTOR**
  TAKEAWAY: _____
  _____
  _____
  _____

- ☐ **BIBLE READING PLAN** – PASSAGES READ: _____
- ☐ **BOOK READING PLAN** – BOOK/PAGES READ: _____
- ☐ **REFLECTION & PRAYER**
- ☐ **JOURNAL**

_____
_____
_____
_____
_____
_____
_____

SUCCESS HABITS

- ☐ **SUCCESS MENTOR**
  TAKEAWAY: _____
  _____
  _____
  _____

- ☐ **BOOK READING PLAN** – BOOK/PAGES READ: _____
- ☐ **DAILY GRATITUDE**

_____
_____
_____

- ☐ **AGENDA REVIEW**
  1. _____   4. _____
  2. _____   5. _____
  3. _____   6. _____

- ☐ **VISUALIZATION & CONFESSION**
  TAKEAWAY: _____
  _____
  _____
  _____

HEALTH HABITS

DATE: _____

- ☐ **GET ACTIVE -** ACTIVITY: _____
- ☐ **MEAL PLAN**

BREAKFAST: _____ SNACK: _____
SNACK: _____ DINNER: _____
LUNCH: _____ SNACK: _____

- ☐ **RECORD WHAT I EAT** (IN MY APP OR CHECK OFF THE LIST ABOVE)
- ☐ **LEARN ABOUT HEALTH & NUTRITION**

TAKEAWAY: _____
_____
_____

- ☐ **REST** HOURS SLEPT: _____   ☐ **FUN** ACTIVITY: _____

BOOKEND MY DAY

- ☐ **WHAT DID I GET DONE TODAY?**

1. _____   4. _____
2. _____   5. _____
3. _____   6. _____

- ☐ **WHAT DID I NOT GET DONE TODAY?**

_____
_____
_____

- ☐ **WHY DID IT NOT GET DONE?**

_____
_____
_____

- ☐ **WHAT AM I GOING TO DO TOMORROW?**

1. _____   4. _____
2. _____   5. _____
3. _____   6. _____

- ☐ **HABIT DEVELOPMENT CHECK-IN**

_____
_____
_____
_____

▲▼▲▼▲▼▲▼▲▼▲▼▲▼▲▼▲▼▲▼▲▼▲▼

SPIRITUAL HABITS   DATE:

- [ ] **SPIRITUAL MENTOR**
TAKEAWAY: _____
_____
_____

- [ ] **BIBLE READING PLAN** – PASSAGES READ: _____
- [ ] **BOOK READING PLAN** – BOOK/PAGES READ: _____
- [ ] **REFLECTION & PRAYER**
- [ ] **JOURNAL**
_____
_____
_____
_____
_____
_____
_____
_____

SUCCESS HABITS

- [ ] **SUCCESS MENTOR**
TAKEAWAY: _____
_____
_____

- [ ] **BOOK READING PLAN** – BOOK/PAGES READ: _____
- [ ] **DAILY GRATITUDE**
_____
_____
_____

- [ ] **AGENDA REVIEW**

1. _____	4. _____
2. _____	5. _____
3. _____	6. _____

- [ ] **VISUALIZATION & CONFESSION**
TAKEAWAY: _____
_____
_____

HEALTH HABITS

DATE: _____

☐ **GET ACTIVE** — ACTIVITY: _____

☐ **MEAL PLAN**

BREAKFAST: _____ SNACK: _____
SNACK: _____ DINNER: _____
LUNCH: _____ SNACK: _____

☐ **RECORD WHAT I EAT** (IN MY APP OR CHECK OFF THE LIST ABOVE)

☐ **LEARN ABOUT HEALTH & NUTRITION**

TAKEAWAY: _____
_____
_____
_____

☐ **REST** HOURS SLEPT: _____   ☐ **FUN** ACTIVITY: _____

BOOKEND MY DAY

☐ **WHAT DID I GET DONE TODAY?**

1. _____   4. _____
2. _____   5. _____
3. _____   6. _____

☐ **WHAT DID I NOT GET DONE TODAY?**
_____
_____
_____
_____

☐ **WHY DID IT NOT GET DONE?**
_____
_____
_____
_____

☐ **WHAT AM I GOING TO DO TOMORROW?**

1. _____   4. _____
2. _____   5. _____
3. _____   6. _____

☐ **HABIT DEVELOPMENT CHECK-IN**
_____
_____
_____
_____

SPIRITUAL HABITS

DATE:

☐ **SPIRITUAL MENTOR**
TAKEAWAY: _____
_____
_____
_____

☐ **BIBLE READING PLAN** - PASSAGES READ: _____
☐ **BOOK READING PLAN** - BOOK/PAGES READ: _____
☐ **REFLECTION & PRAYER**
☐ **JOURNAL**
_____
_____
_____
_____
_____
_____
_____
_____

SUCCESS HABITS

☐ **SUCCESS MENTOR**
TAKEAWAY: _____
_____
_____
_____

☐ **BOOK READING PLAN** - BOOK/PAGES READ: _____
☐ **DAILY GRATITUDE**
_____
_____
_____
_____

☐ **AGENDA REVIEW**
1. _____   4. _____
2. _____   5. _____
3. _____   6. _____

☐ **VISUALIZATION & CONFESSION**
TAKEAWAY: _____
_____
_____
_____

HEALTH HABITS

DATE: _____

- ☐ **GET ACTIVE** – ACTIVITY: _____
- ☐ **MEAL PLAN**

BREAKFAST: _____ SNACK: _____
SNACK: _____ DINNER: _____
LUNCH: _____ SNACK: _____

- ☐ **RECORD WHAT I EAT**   (IN MY APP OR CHECK OFF THE LIST ABOVE)
- ☐ **LEARN ABOUT HEALTH & NUTRITION**

TAKEAWAY: _____
_____
_____

- ☐ **REST**   HOURS SLEPT: _____   ☐ **FUN**   ACTIVITY: _____

BOOKEND MY DAY

- ☐ **WHAT DID I GET DONE TODAY?**

1. _____   4. _____
2. _____   5. _____
3. _____   6. _____

- ☐ **WHAT DID I NOT GET DONE TODAY?**

_____
_____
_____

- ☐ **WHY DID IT NOT GET DONE?**

_____
_____
_____

- ☐ **WHAT AM I GOING TO DO TOMORROW?**

1. _____   4. _____
2. _____   5. _____
3. _____   6. _____

- ☐ **HABIT DEVELOPMENT CHECK-IN**

_____
_____
_____

SPIRITUAL HABITS   DATE:

☐ **SPIRITUAL MENTOR**
TAKEAWAY: _____
_____
_____

☐ **BIBLE READING PLAN** – PASSAGES READ: _____
☐ **BOOK READING PLAN** – BOOK/PAGES READ: _____
☐ **REFLECTION & PRAYER**
☐ **JOURNAL**
_____
_____
_____
_____
_____
_____
_____

SUCCESS HABITS

☐ **SUCCESS MENTOR**
TAKEAWAY: _____
_____
_____

☐ **BOOK READING PLAN** – BOOK/PAGES READ: _____
☐ **DAILY GRATITUDE**
_____
_____
_____

☐ **AGENDA REVIEW**
1. _____   4. _____
2. _____   5. _____
3. _____   6. _____

☐ **VISUALIZATION & CONFESSION**
TAKEAWAY: _____
_____
_____
_____

▲▼▲▼▲▼▲▼▲▼▲▼▲▼▲▼▲▼▲▼▲▼▲▼

HEALTH HABITS
DATE:

- ☐ **GET ACTIVE** - ACTIVITY: _____
- ☐ **MEAL PLAN**

BREAKFAST: _____ SNACK: _____
SNACK: _____ DINNER: _____
LUNCH: _____ SNACK: _____

- ☐ **RECORD WHAT I EAT** (IN MY APP OR CHECK OFF THE LIST ABOVE)
- ☐ **LEARN ABOUT HEALTH & NUTRITION**

TAKEAWAY: _____
_____
_____
_____

- ☐ **REST** HOURS SLEPT: _____   ☐ **FUN** ACTIVITY: _____

BOOKEND MY DAY

- ☐ **WHAT DID I GET DONE TODAY?**

1. _____   4. _____
2. _____   5. _____
3. _____   6. _____

- ☐ **WHAT DID I NOT GET DONE TODAY?**

_____
_____
_____
_____

- ☐ **WHY DID IT NOT GET DONE?**

_____
_____
_____
_____

- ☐ **WHAT AM I GOING TO DO TOMORROW?**

1. _____   4. _____
2. _____   5. _____
3. _____   6. _____

- ☐ **HABIT DEVELOPMENT CHECK-IN**

_____
_____
_____
_____

SPIRITUAL HABITS

DATE:

☐ **SPIRITUAL MENTOR**
TAKEAWAY:
___
___
___

☐ **BIBLE READING PLAN** – PASSAGES READ: ___
☐ **BOOK READING PLAN** – BOOK/PAGES READ: ___
☐ **REFLECTION & PRAYER**
☐ **JOURNAL**
___
___
___
___
___
___
___

SUCCESS HABITS

☐ **SUCCESS MENTOR**
TAKEAWAY:
___
___
___

☐ **BOOK READING PLAN** – BOOK/PAGES READ: ___
☐ **DAILY GRATITUDE**
___
___
___

☐ **AGENDA REVIEW**
1. ___
2. ___
3. ___
4. ___
5. ___
6. ___

☐ **VISUALIZATION & CONFESSION**
TAKEAWAY:
___
___
___

▲▼▲▼▲▼▲▼▲▼▲▼▲▼▲▼▲▼▲▼▲▼▲▼

HEALTH HABITS   DATE:

- [ ] **GET ACTIVE –** ACTIVITY: _____
- [ ] **MEAL PLAN**

BREAKFAST: _____   SNACK: _____
SNACK: _____   DINNER: _____
LUNCH: _____   SNACK: _____

- [ ] **RECORD WHAT I EAT**   (IN MY APP OR CHECK OFF THE LIST ABOVE)
- [ ] **LEARN ABOUT HEALTH & NUTRITION**

TAKEAWAY: _____
_____
_____
_____

- [ ] **REST** HOURS SLEPT: _____   - [ ] **FUN** ACTIVITY: _____

BOOKEND MY DAY

- [ ] **WHAT DID I GET DONE TODAY?**

1. _____   4. _____
2. _____   5. _____
3. _____   6. _____

- [ ] **WHAT DID I NOT GET DONE TODAY?**

_____
_____
_____
_____

- [ ] **WHY DID IT NOT GET DONE?**

_____
_____
_____
_____

- [ ] **WHAT AM I GOING TO DO TOMORROW?**

1. _____   4. _____
2. _____   5. _____
3. _____   6. _____

- [ ] **HABIT DEVELOPMENT CHECK-IN**

_____
_____
_____
_____

SPIRITUAL HABITS

DATE:

☐ **SPIRITUAL MENTOR**
TAKEAWAY:
_____
_____
_____

☐ **BIBLE READING PLAN** – PASSAGES READ: _____
☐ **BOOK READING PLAN** – BOOK/PAGES READ: _____
☐ **REFLECTION & PRAYER**
☐ **JOURNAL**
_____
_____
_____
_____
_____
_____
_____

SUCCESS HABITS

☐ **SUCCESS MENTOR**
TAKEAWAY:
_____
_____
_____

☐ **BOOK READING PLAN** – BOOK/PAGES READ: _____
☐ **DAILY GRATITUDE**
_____
_____
_____

☐ **AGENDA REVIEW**
1. _____   4. _____
2. _____   5. _____
3. _____   6. _____

☐ **VISUALIZATION & CONFESSION**
TAKEAWAY:
_____
_____
_____

HEALTH HABITS

DATE:

☐ **GET ACTIVE** — ACTIVITY: _____

☐ **MEAL PLAN**

BREAKFAST: _____ SNACK: _____
SNACK: _____ DINNER: _____
LUNCH: _____ SNACK: _____

☐ **RECORD WHAT I EAT**   (IN MY APP OR CHECK OFF THE LIST ABOVE)

☐ **LEARN ABOUT HEALTH & NUTRITION**

TAKEAWAY: _____
_____
_____
_____

☐ **REST** HOURS SLEPT: _____   ☐ **FUN** ACTIVITY: _____

BOOKEND MY DAY

☐ **WHAT DID I GET DONE TODAY?**

1. _____ 4. _____
2. _____ 5. _____
3. _____ 6. _____

☐ **WHAT DID I NOT GET DONE TODAY?**
_____
_____
_____
_____

☐ **WHY DID IT NOT GET DONE?**
_____
_____
_____
_____

☐ **WHAT AM I GOING TO DO TOMORROW?**

1. _____ 4. _____
2. _____ 5. _____
3. _____ 6. _____

☐ **HABIT DEVELOPMENT CHECK-IN**
_____
_____
_____
_____

▲▼▲▼▲▼▲▼▲▼▲▼▲▼▲▼▲▼▲▼▲▼▲▼

SPIRITUAL HABITS   DATE:

☐ **SPIRITUAL MENTOR**
TAKEAWAY: _____
_____
_____
_____

☐ **BIBLE READING PLAN** - PASSAGES READ: _____
☐ **BOOK READING PLAN** - BOOK/PAGES READ: _____
☐ **REFLECTION & PRAYER**
☐ **JOURNAL**
_____
_____
_____
_____
_____
_____
_____

SUCCESS HABITS

☐ **SUCCESS MENTOR**
TAKEAWAY: _____
_____
_____
_____

☐ **BOOK READING PLAN** - BOOK/PAGES READ: _____
☐ **DAILY GRATITUDE**
_____
_____
_____

☐ **AGENDA REVIEW**
1. _____   4. _____
2. _____   5. _____
3. _____   6. _____

☐ **VISUALIZATION & CONFESSION**
TAKEAWAY: _____
_____
_____
_____

HEALTH HABITS

DATE: _____

☐ **GET ACTIVE** - ACTIVITY: _____
☐ **MEAL PLAN**

BREAKFAST: _____ SNACK: _____
SNACK: _____ DINNER: _____
LUNCH: _____ SNACK: _____

☐ **RECORD WHAT I EAT**   (IN MY APP OR CHECK OFF THE LIST ABOVE)
☐ **LEARN ABOUT HEALTH & NUTRITION**

TAKEAWAY: _____
_____
_____
_____

☐ **REST**   HOURS SLEPT: _____   ☐ **FUN**   ACTIVITY: _____

BOOKEND MY DAY

☐ **WHAT DID I GET DONE TODAY?**

1. _____   4. _____
2. _____   5. _____
3. _____   6. _____

☐ **WHAT DID I NOT GET DONE TODAY?**

_____
_____
_____
_____

☐ **WHY DID IT NOT GET DONE?**

_____
_____
_____
_____

☐ **WHAT AM I GOING TO DO TOMORROW?**

1. _____   4. _____
2. _____   5. _____
3. _____   6. _____

☐ **HABIT DEVELOPMENT CHECK-IN**

_____
_____
_____
_____

SPIRITUAL HABITS

DATE:

☐ **SPIRITUAL MENTOR**
TAKEAWAY: _____
_____
_____
_____

☐ **BIBLE READING PLAN** – PASSAGES READ: _____
☐ **BOOK READING PLAN** – BOOK/PAGES READ: _____
☐ **REFLECTION & PRAYER**
☐ **JOURNAL**
_____
_____
_____
_____
_____
_____
_____

SUCCESS HABITS

☐ **SUCCESS MENTOR**
TAKEAWAY: _____
_____
_____
_____

☐ **BOOK READING PLAN** – BOOK/PAGES READ: _____
☐ **DAILY GRATITUDE**
_____
_____
_____
_____

☐ **AGENDA REVIEW**
1. _____   4. _____
2. _____   5. _____
3. _____   6. _____

☐ **VISUALIZATION & CONFESSION**
TAKEAWAY: _____
_____
_____

HEALTH HABITS

DATE: _____

☐ **GET ACTIVE** - ACTIVITY: _____
☐ **MEAL PLAN**

BREAKFAST: _____ SNACK: _____
SNACK: _____ DINNER: _____
LUNCH: _____ SNACK: _____

☐ **RECORD WHAT I EAT**   (IN MY APP OR CHECK OFF THE LIST ABOVE)
☐ **LEARN ABOUT HEALTH & NUTRITION**

TAKEAWAY: _____
_____
_____
_____

☐ **REST** HOURS SLEPT: _____   ☐ **FUN** ACTIVITY: _____

BOOKEND MY DAY

☐ **WHAT DID I GET DONE TODAY?**

1. _____   4. _____
2. _____   5. _____
3. _____   6. _____

☐ **WHAT DID I NOT GET DONE TODAY?**

_____
_____
_____
_____

☐ **WHY DID IT NOT GET DONE?**

_____
_____
_____
_____

☐ **WHAT AM I GOING TO DO TOMORROW?**

1. _____   4. _____
2. _____   5. _____
3. _____   6. _____

☐ **HABIT DEVELOPMENT CHECK-IN**

_____
_____
_____
_____

SPIRITUAL HABITS   DATE:

☐ **SPIRITUAL MENTOR**
TAKEAWAY: _____
_____
_____

☐ **BIBLE READING PLAN** – PASSAGES READ: _____
☐ **BOOK READING PLAN** – BOOK/PAGES READ: _____
☐ **REFLECTION & PRAYER**
☐ **JOURNAL**
_____
_____
_____
_____
_____
_____
_____

SUCCESS HABITS

☐ **SUCCESS MENTOR**
TAKEAWAY: _____
_____
_____

☐ **BOOK READING PLAN** – BOOK/PAGES READ: _____
☐ **DAILY GRATITUDE**
_____
_____
_____

☐ **AGENDA REVIEW**
1. _____   4. _____
2. _____   5. _____
3. _____   6. _____

☐ **VISUALIZATION & CONFESSION**
TAKEAWAY: _____
_____
_____

▲▼▲▼▲▼▲▼▲▼▲▼▲▼▲▼▲▼▲▼▲▼▲▼

HEALTH HABITS   DATE:

☐ **GET ACTIVE -** ACTIVITY: _____
☐ **MEAL PLAN**
BREAKFAST: _____   SNACK: _____
SNACK: _____   DINNER: _____
LUNCH: _____   SNACK: _____

☐ **RECORD WHAT I EAT**   (IN MY APP OR CHECK OFF THE LIST ABOVE)
☐ **LEARN ABOUT HEALTH & NUTRITION**
TAKEAWAY: _____
_____
_____
_____

☐ **REST** | HOURS SLEPT: _____ | ☐ **FUN** | ACTIVITY: _____ |

BOOKEND MY DAY

☐ **WHAT DID I GET DONE TODAY?**
1. _____   4. _____
2. _____   5. _____
3. _____   6. _____

☐ **WHAT DID I NOT GET DONE TODAY?**
_____
_____
_____
_____

☐ **WHY DID IT NOT GET DONE?**
_____
_____
_____
_____

☐ **WHAT AM I GOING TO DO TOMORROW?**
1. _____   4. _____
2. _____   5. _____
3. _____   6. _____

☐ **HABIT DEVELOPMENT CHECK-IN**
_____
_____
_____
_____

SPIRITUAL HABITS

DATE:

☐ **SPIRITUAL MENTOR**
TAKEAWAY: _____
_____
_____
_____

☐ **BIBLE READING PLAN** - PASSAGES READ: _____
☐ **BOOK READING PLAN** - BOOK/PAGES READ: _____
☐ **REFLECTION & PRAYER**
☐ **JOURNAL**
_____
_____
_____
_____
_____
_____
_____
_____

SUCCESS HABITS

☐ **SUCCESS MENTOR**
TAKEAWAY: _____
_____
_____

☐ **BOOK READING PLAN** - BOOK/PAGES READ: _____
☐ **DAILY GRATITUDE**
_____
_____
_____
_____

☐ **AGENDA REVIEW**
1. _____   4. _____
2. _____   5. _____
3. _____   6. _____

☐ **VISUALIZATION & CONFESSION**
TAKEAWAY: _____
_____
_____

HEALTH HABITS

DATE: _____

☐ **GET ACTIVE –** ACTIVITY: _____
☐ **MEAL PLAN**

BREAKFAST: _____ SNACK: _____
SNACK: _____ DINNER: _____
LUNCH: _____ SNACK: _____

☐ **RECORD WHAT I EAT**   (IN MY APP OR CHECK OFF THE LIST ABOVE)
☐ **LEARN ABOUT HEALTH & NUTRITION**

TAKEAWAY: _____
_____
_____

☐ **REST** | HOURS SLEPT: _____ | ☐ **FUN** | ACTIVITY: _____ |

BOOKEND MY DAY

☐ **WHAT DID I GET DONE TODAY?**

1. _____   4. _____
2. _____   5. _____
3. _____   6. _____

☐ **WHAT DID I NOT GET DONE TODAY?**
_____
_____
_____

☐ **WHY DID IT NOT GET DONE?**
_____
_____
_____

☐ **WHAT AM I GOING TO DO TOMORROW?**

1. _____   4. _____
2. _____   5. _____
3. _____   6. _____

☐ **HABIT DEVELOPMENT CHECK-IN**
_____
_____
_____

SPIRITUAL HABITS

DATE: _____

☐ **SPIRITUAL MENTOR**
TAKEAWAY: _____
_____
_____
_____

☐ **BIBLE READING PLAN** - PASSAGES READ: _____
☐ **BOOK READING PLAN** - BOOK/PAGES READ: _____
☐ **REFLECTION & PRAYER**
☐ **JOURNAL**
_____
_____
_____
_____
_____
_____
_____
_____

SUCCESS HABITS

☐ **SUCCESS MENTOR**
TAKEAWAY: _____
_____
_____
_____

☐ **BOOK READING PLAN** - BOOK/PAGES READ: _____
☐ **DAILY GRATITUDE**
_____
_____
_____
_____

☐ **AGENDA REVIEW**
1. _____ 4. _____
2. _____ 5. _____
3. _____ 6. _____

☐ **VISUALIZATION & CONFESSION**
TAKEAWAY: _____
_____
_____
_____

▲▼▲▼▲▼▲▼▲▼▲▼▲▼▲▼▲▼▲▼▲▼

HEALTH HABITS   DATE:

☐ **GET ACTIVE -** ACTIVITY: _____
☐ **MEAL PLAN**

BREAKFAST: _____   SNACK: _____
SNACK: _____   DINNER: _____
LUNCH: _____   SNACK: _____

☐ **RECORD WHAT I EAT**   (IN MY APP OR CHECK OFF THE LIST ABOVE)
☐ **LEARN ABOUT HEALTH & NUTRITION**

TAKEAWAY: _____
_____
_____
_____

☐ **REST** HOURS SLEPT: _____   ☐ **FUN** ACTIVITY: _____

BOOKEND MY DAY

☐ **WHAT DID I GET DONE TODAY?**

1. _____   4. _____
2. _____   5. _____
3. _____   6. _____

☐ **WHAT DID I NOT GET DONE TODAY?**
_____
_____
_____
_____

☐ **WHY DID IT NOT GET DONE?**
_____
_____
_____
_____

☐ **WHAT AM I GOING TO DO TOMORROW?**

1. _____   4. _____
2. _____   5. _____
3. _____   6. _____

☐ **HABIT DEVELOPMENT CHECK-IN**
_____
_____
_____
_____

SPIRITUAL HABITS

DATE:

☐ **SPIRITUAL MENTOR**
TAKEAWAY:
_____
_____
_____

☐ **BIBLE READING PLAN** - PASSAGES READ: _____
☐ **BOOK READING PLAN** - BOOK/PAGES READ: _____
☐ **REFLECTION & PRAYER**
☐ **JOURNAL**
_____
_____
_____
_____
_____
_____
_____

SUCCESS HABITS

☐ **SUCCESS MENTOR**
TAKEAWAY:
_____
_____
_____

☐ **BOOK READING PLAN** - BOOK/PAGES READ: _____
☐ **DAILY GRATITUDE**
_____
_____
_____

☐ **AGENDA REVIEW**
1. _____   4. _____
2. _____   5. _____
3. _____   6. _____

☐ **VISUALIZATION & CONFESSION**
TAKEAWAY:
_____
_____
_____

HEALTH HABITS

DATE: _____

☐ **GET ACTIVE** – ACTIVITY: _____

☐ **MEAL PLAN**

BREAKFAST: _____ SNACK: _____
SNACK: _____ DINNER: _____
LUNCH: _____ SNACK: _____

☐ **RECORD WHAT I EAT**   (IN MY APP OR CHECK OFF THE LIST ABOVE)

☐ **LEARN ABOUT HEALTH & NUTRITION**

TAKEAWAY: _____
_____
_____
_____

☐ **REST** HOURS SLEPT: _____   ☐ **FUN** ACTIVITY: _____

BOOKEND MY DAY

☐ **WHAT DID I GET DONE TODAY?**

1. _____   4. _____
2. _____   5. _____
3. _____   6. _____

☐ **WHAT DID I NOT GET DONE TODAY?**
_____
_____
_____
_____

☐ **WHY DID IT NOT GET DONE?**
_____
_____
_____
_____

☐ **WHAT AM I GOING TO DO TOMORROW?**

1. _____   4. _____
2. _____   5. _____
3. _____   6. _____

☐ **HABIT DEVELOPMENT CHECK-IN**
_____
_____
_____
_____

SPIRITUAL HABITS

DATE:

☐ **SPIRITUAL MENTOR**
TAKEAWAY: _____
_____
_____

☐ **BIBLE READING PLAN** – PASSAGES READ: _____
☐ **BOOK READING PLAN** – BOOK/PAGES READ: _____
☐ **REFLECTION & PRAYER**
☐ **JOURNAL**
_____
_____
_____
_____
_____
_____
_____

SUCCESS HABITS

☐ **SUCCESS MENTOR**
TAKEAWAY: _____
_____
_____

☐ **BOOK READING PLAN** – BOOK/PAGES READ: _____
☐ **DAILY GRATITUDE**
_____
_____
_____

☐ **AGENDA REVIEW**
1. _____ 4. _____
2. _____ 5. _____
3. _____ 6. _____

☐ **VISUALIZATION & CONFESSION**
TAKEAWAY: _____
_____
_____

HEALTH HABITS

DATE: _____

☐ **GET ACTIVE -** ACTIVITY: _____

☐ **MEAL PLAN**

BREAKFAST: _____ SNACK: _____
SNACK: _____ DINNER: _____
LUNCH: _____ SNACK: _____

☐ **RECORD WHAT I EAT** (IN MY APP OR CHECK OFF THE LIST ABOVE)
☐ **LEARN ABOUT HEALTH & NUTRITION**

TAKEAWAY: _____
_____
_____

☐ **REST** HOURS SLEPT: _____   ☐ **FUN** ACTIVITY: _____

BOOKEND MY DAY

☐ **WHAT DID I GET DONE TODAY?**

1. _____ 4. _____
2. _____ 5. _____
3. _____ 6. _____

☐ **WHAT DID I NOT GET DONE TODAY?**
_____
_____
_____

☐ **WHY DID IT NOT GET DONE?**
_____
_____
_____

☐ **WHAT AM I GOING TO DO TOMORROW?**

1. _____ 4. _____
2. _____ 5. _____
3. _____ 6. _____

☐ **HABIT DEVELOPMENT CHECK-IN**
_____
_____
_____
_____

SPIRITUAL HABITS

DATE:

☐ **SPIRITUAL MENTOR**
TAKEAWAY: _____
_____
_____

☐ **BIBLE READING PLAN** – PASSAGES READ: _____
☐ **BOOK READING PLAN** – BOOK/PAGES READ: _____
☐ **REFLECTION & PRAYER**
☐ **JOURNAL**
_____
_____
_____
_____
_____
_____
_____

SUCCESS HABITS

☐ **SUCCESS MENTOR**
TAKEAWAY: _____
_____
_____

☐ **BOOK READING PLAN** – BOOK/PAGES READ: _____
☐ **DAILY GRATITUDE**
_____
_____
_____

☐ **AGENDA REVIEW**
1. _____   4. _____
2. _____   5. _____
3. _____   6. _____

☐ **VISUALIZATION & CONFESSION**
TAKEAWAY: _____
_____
_____

HEALTH HABITS

DATE: _____

- ☐ **GET ACTIVE** – ACTIVITY: _____
- ☐ **MEAL PLAN**

BREAKFAST: _____ SNACK: _____
SNACK: _____ DINNER: _____
LUNCH: _____ SNACK: _____

- ☐ **RECORD WHAT I EAT**   (IN MY APP OR CHECK OFF THE LIST ABOVE)
- ☐ **LEARN ABOUT HEALTH & NUTRITION**

TAKEAWAY: _____
_____
_____
_____

- ☐ **REST** HOURS SLEPT: _____   ☐ **FUN** ACTIVITY: _____

BOOKEND MY DAY

- ☐ **WHAT DID I GET DONE TODAY?**

1. _____ 4. _____
2. _____ 5. _____
3. _____ 6. _____

- ☐ **WHAT DID I NOT GET DONE TODAY?**

_____
_____
_____
_____

- ☐ **WHY DID IT NOT GET DONE?**

_____
_____
_____
_____

- ☐ **WHAT AM I GOING TO DO TOMORROW?**

1. _____ 4. _____
2. _____ 5. _____
3. _____ 6. _____

- ☐ **HABIT DEVELOPMENT CHECK-IN**

_____
_____
_____
_____

SPIRITUAL HABITS

DATE:

☐ **SPIRITUAL MENTOR**
TAKEAWAY: _____
_____
_____

☐ **BIBLE READING PLAN** – PASSAGES READ: _____
☐ **BOOK READING PLAN** – BOOK/PAGES READ: _____
☐ **REFLECTION & PRAYER**
☐ **JOURNAL**
_____
_____
_____
_____
_____
_____
_____

SUCCESS HABITS

☐ **SUCCESS MENTOR**
TAKEAWAY: _____
_____
_____

☐ **BOOK READING PLAN** – BOOK/PAGES READ: _____
☐ **DAILY GRATITUDE**
_____
_____
_____

☐ **AGENDA REVIEW**
1. _____   4. _____
2. _____   5. _____
3. _____   6. _____

☐ **VISUALIZATION & CONFESSION**
TAKEAWAY: _____
_____
_____

▲▼▲▼▲▼▲▼▲▼▲▼▲▼▲▼▲▼▲▼▲▼▲▼

HEALTH HABITS   DATE:

☐ **GET ACTIVE** - ACTIVITY: _____
☐ **MEAL PLAN**
BREAKFAST: _____ SNACK: _____
SNACK: _____ DINNER: _____
LUNCH: _____ SNACK: _____

☐ **RECORD WHAT I EAT**   (IN MY APP OR CHECK OFF THE LIST ABOVE)
☐ **LEARN ABOUT HEALTH & NUTRITION**
TAKEAWAY: _____
_____
_____

☐ **REST** HOURS SLEPT: _____   ☐ **FUN** ACTIVITY: _____

BOOKEND MY DAY

☐ **WHAT DID I GET DONE TODAY?**
1. _____ 4. _____
2. _____ 5. _____
3. _____ 6. _____

☐ **WHAT DID I NOT GET DONE TODAY?**
_____
_____
_____

☐ **WHY DID IT NOT GET DONE?**
_____
_____
_____

☐ **WHAT AM I GOING TO DO TOMORROW?**
1. _____ 4. _____
2. _____ 5. _____
3. _____ 6. _____

☐ **HABIT DEVELOPMENT CHECK-IN**
_____
_____
_____
_____

SPIRITUAL HABITS

DATE:

☐ **SPIRITUAL MENTOR**
TAKEAWAY: _____
_____
_____

☐ **BIBLE READING PLAN** – PASSAGES READ: _____
☐ **BOOK READING PLAN** – BOOK/PAGES READ: _____
☐ **REFLECTION & PRAYER**
☐ **JOURNAL**
_____
_____
_____
_____
_____
_____
_____

SUCCESS HABITS

☐ **SUCCESS MENTOR**
TAKEAWAY: _____
_____
_____

☐ **BOOK READING PLAN** – BOOK/PAGES READ: _____
☐ **DAILY GRATITUDE**
_____
_____
_____

☐ **AGENDA REVIEW**
1. _____   4. _____
2. _____   5. _____
3. _____   6. _____

☐ **VISUALIZATION & CONFESSION**
TAKEAWAY: _____
_____
_____

HEALTH HABITS

DATE: _____

☐ **GET ACTIVE** - ACTIVITY: _____
☐ **MEAL PLAN**

BREAKFAST: _____ SNACK: _____
SNACK: _____ DINNER: _____
LUNCH: _____ SNACK: _____

☐ **RECORD WHAT I EAT**   (IN MY APP OR CHECK OFF THE LIST ABOVE)
☐ **LEARN ABOUT HEALTH & NUTRITION**

TAKEAWAY: _____
_____
_____
_____

☐ **REST** HOURS SLEPT: _____   ☐ **FUN** ACTIVITY: _____

BOOKEND MY DAY

☐ **WHAT DID I GET DONE TODAY?**

1. _____   4. _____
2. _____   5. _____
3. _____   6. _____

☐ **WHAT DID I NOT GET DONE TODAY?**

_____
_____
_____
_____

☐ **WHY DID IT NOT GET DONE?**

_____
_____
_____
_____

☐ **WHAT AM I GOING TO DO TOMORROW?**

1. _____   4. _____
2. _____   5. _____
3. _____   6. _____

☐ **HABIT DEVELOPMENT CHECK-IN**

_____
_____
_____
_____

▲▼▲▼▲▼▲▼▲▼▲▼▲▼▲▼▲▼▲▼▲▼▲▼

SPIRITUAL HABITS   DATE:

☐ **SPIRITUAL MENTOR**
TAKEAWAY: _____
_____
_____
_____

☐ **BIBLE READING PLAN** – PASSAGES READ: _____
☐ **BOOK READING PLAN** – BOOK/PAGES READ: _____
☐ **REFLECTION & PRAYER**
☐ **JOURNAL**
_____
_____
_____
_____
_____
_____
_____

SUCCESS HABITS

☐ **SUCCESS MENTOR**
TAKEAWAY: _____
_____
_____
_____

☐ **BOOK READING PLAN** – BOOK/PAGES READ: _____
☐ **DAILY GRATITUDE**
_____
_____
_____
_____

☐ **AGENDA REVIEW**
1. _____   4. _____
2. _____   5. _____
3. _____   6. _____

☐ **VISUALIZATION & CONFESSION**
TAKEAWAY: _____
_____
_____
_____

▲▼▲▼▲▼▲▼▲▼▲▼▲▼▲▼▲▼

HEALTH HABITS   DATE:

☐ **GET ACTIVE -** ACTIVITY:
☐ **MEAL PLAN**
BREAKFAST: _____   SNACK: _____
SNACK: _____   DINNER: _____
LUNCH: _____   SNACK: _____

☐ **RECORD WHAT I EAT**   (IN MY APP OR CHECK OFF THE LIST ABOVE)
☐ **LEARN ABOUT HEALTH & NUTRITION**
TAKEAWAY: _____
_____
_____
_____

☐ **REST** HOURS SLEPT: _____   ☐ **FUN** ACTIVITY: _____

BOOKEND MY DAY

☐ **WHAT DID I GET DONE TODAY?**
1. _____   4. _____
2. _____   5. _____
3. _____   6. _____

☐ **WHAT DID I NOT GET DONE TODAY?**
_____
_____
_____
_____

☐ **WHY DID IT NOT GET DONE?**
_____
_____
_____
_____

☐ **WHAT AM I GOING TO DO TOMORROW?**
1. _____   4. _____
2. _____   5. _____
3. _____   6. _____

☐ **HABIT DEVELOPMENT CHECK-IN**
_____
_____
_____
_____

SPIRITUAL HABITS

DATE:

☐ **SPIRITUAL MENTOR**
TAKEAWAY: _____
_____
_____
_____

☐ **BIBLE READING PLAN** - PASSAGES READ: _____
☐ **BOOK READING PLAN** - BOOK/PAGES READ: _____
☐ **REFLECTION & PRAYER**
☐ **JOURNAL**

_____
_____
_____
_____
_____
_____
_____

SUCCESS HABITS

☐ **SUCCESS MENTOR**
TAKEAWAY: _____
_____
_____
_____

☐ **BOOK READING PLAN** - BOOK/PAGES READ: _____
☐ **DAILY GRATITUDE**

_____
_____
_____
_____

☐ **AGENDA REVIEW**
1. _____ 4. _____
2. _____ 5. _____
3. _____ 6. _____

☐ **VISUALIZATION & CONFESSION**
TAKEAWAY: _____
_____
_____
_____

HEALTH HABITS

DATE: _____

- ☐ **GET ACTIVE -** ACTIVITY: _____
- ☐ **MEAL PLAN**

BREAKFAST: _____ SNACK: _____
SNACK: _____ DINNER: _____
LUNCH: _____ SNACK: _____

- ☐ **RECORD WHAT I EAT** (IN MY APP OR CHECK OFF THE LIST ABOVE)
- ☐ **LEARN ABOUT HEALTH & NUTRITION**

TAKEAWAY: _____
_____
_____
_____

- ☐ **REST** HOURS SLEPT: _____   ☐ **FUN** ACTIVITY: _____

BOOKEND MY DAY

- ☐ **WHAT DID I GET DONE TODAY?**

1. _____ 4. _____
2. _____ 5. _____
3. _____ 6. _____

- ☐ **WHAT DID I NOT GET DONE TODAY?**

_____
_____
_____
_____

- ☐ **WHY DID IT NOT GET DONE?**

_____
_____
_____
_____

- ☐ **WHAT AM I GOING TO DO TOMORROW?**

1. _____ 4. _____
2. _____ 5. _____
3. _____ 6. _____

- ☐ **HABIT DEVELOPMENT CHECK-IN**

_____
_____
_____
_____

SPIRITUAL HABITS

DATE:

☐ **SPIRITUAL MENTOR**
TAKEAWAY: _____
_____
_____
_____

☐ **BIBLE READING PLAN** – PASSAGES READ: _____
☐ **BOOK READING PLAN** – BOOK/PAGES READ: _____
☐ **REFLECTION & PRAYER**
☐ **JOURNAL**
_____
_____
_____
_____
_____
_____
_____
_____

SUCCESS HABITS

☐ **SUCCESS MENTOR**
TAKEAWAY: _____
_____
_____
_____

☐ **BOOK READING PLAN** – BOOK/PAGES READ: _____
☐ **DAILY GRATITUDE**
_____
_____
_____
_____

☐ **AGENDA REVIEW**
1. _____   4. _____
2. _____   5. _____
3. _____   6. _____

☐ **VISUALIZATION & CONFESSION**
TAKEAWAY: _____
_____
_____
_____

▲▼▲▼▲▼▲▼▲▼▲▼▲▼▲▼▲▼▲▼▲▼▲▼

HEALTH HABITS

DATE:

- ☐ **GET ACTIVE –** ACTIVITY: _____
- ☐ **MEAL PLAN**

BREAKFAST: _____   SNACK: _____
SNACK: _____   DINNER: _____
LUNCH: _____   SNACK: _____

- ☐ **RECORD WHAT I EAT**   (IN MY APP OR CHECK OFF THE LIST ABOVE)
- ☐ **LEARN ABOUT HEALTH & NUTRITION**

TAKEAWAY: _____
_____
_____
_____

☐ **REST**   HOURS SLEPT: _____   ☐ **FUN**   ACTIVITY: _____

BOOKEND MY DAY

- ☐ **WHAT DID I GET DONE TODAY?**

1. _____   4. _____
2. _____   5. _____
3. _____   6. _____

- ☐ **WHAT DID I NOT GET DONE TODAY?**

_____
_____
_____
_____

- ☐ **WHY DID IT NOT GET DONE?**

_____
_____
_____
_____

- ☐ **WHAT AM I GOING TO DO TOMORROW?**

1. _____   4. _____
2. _____   5. _____
3. _____   6. _____

- ☐ **HABIT DEVELOPMENT CHECK-IN**

_____
_____
_____
_____

SPIRITUAL HABITS   DATE:

☐ **SPIRITUAL MENTOR**
TAKEAWAY: _____
_____
_____
_____

☐ **BIBLE READING PLAN** – PASSAGES READ: _____
☐ **BOOK READING PLAN** – BOOK/PAGES READ: _____
☐ **REFLECTION & PRAYER**
☐ **JOURNAL**
_____
_____
_____
_____
_____
_____
_____

SUCCESS HABITS

☐ **SUCCESS MENTOR**
TAKEAWAY: _____
_____
_____
_____

☐ **BOOK READING PLAN** – BOOK/PAGES READ: _____
☐ **DAILY GRATITUDE**
_____
_____
_____
_____

☐ **AGENDA REVIEW**
1. _____   4. _____
2. _____   5. _____
3. _____   6. _____

☐ **VISUALIZATION & CONFESSION**
TAKEAWAY: _____
_____
_____
_____

▲▼▲▼▲▼▲▼▲▼▲▼▲▼▲▼▲▼▲▼▲▼▲▼

HEALTH HABITS

DATE:

- ☐ **GET ACTIVE –** ACTIVITY: _____
- ☐ **MEAL PLAN**

BREAKFAST: _____ SNACK: _____
SNACK: _____ DINNER: _____
LUNCH: _____ SNACK: _____

- ☐ **RECORD WHAT I EAT**   (IN MY APP OR CHECK OFF THE LIST ABOVE)
- ☐ **LEARN ABOUT HEALTH & NUTRITION**

TAKEAWAY: _____
_____
_____

- ☐ **REST** HOURS SLEPT: _____   ☐ **FUN** ACTIVITY: _____

BOOKEND MY DAY

- ☐ **WHAT DID I GET DONE TODAY?**

1. _____   4. _____
2. _____   5. _____
3. _____   6. _____

- ☐ **WHAT DID I NOT GET DONE TODAY?**

_____
_____
_____

- ☐ **WHY DID IT NOT GET DONE?**

_____
_____
_____

- ☐ **WHAT AM I GOING TO DO TOMORROW?**

1. _____   4. _____
2. _____   5. _____
3. _____   6. _____

- ☐ **HABIT DEVELOPMENT CHECK-IN**

_____
_____
_____
_____

SPIRITUAL HABITS   DATE:

☐ **SPIRITUAL MENTOR**
TAKEAWAY: _____
_____
_____
_____

☐ **BIBLE READING PLAN** - PASSAGES READ: _____
☐ **BOOK READING PLAN** - BOOK/PAGES READ: _____
☐ **REFLECTION & PRAYER**
☐ **JOURNAL**
_____
_____
_____
_____
_____
_____
_____

SUCCESS HABITS

☐ **SUCCESS MENTOR**
TAKEAWAY: _____
_____
_____
_____

☐ **BOOK READING PLAN** - BOOK/PAGES READ: _____
☐ **DAILY GRATITUDE**
_____
_____
_____

☐ **AGENDA REVIEW**
1. _____   4. _____
2. _____   5. _____
3. _____   6. _____

☐ **VISUALIZATION & CONFESSION**
TAKEAWAY: _____
_____
_____
_____

HEALTH HABITS

DATE: _____

- ☐ **GET ACTIVE** - ACTIVITY: _____
- ☐ **MEAL PLAN**

BREAKFAST: _____ SNACK: _____
SNACK: _____ DINNER: _____
LUNCH: _____ SNACK: _____

- ☐ **RECORD WHAT I EAT** (IN MY APP OR CHECK OFF THE LIST ABOVE)
- ☐ **LEARN ABOUT HEALTH & NUTRITION**

TAKEAWAY: _____
_____
_____
_____

- ☐ **REST** HOURS SLEPT: _____   ☐ **FUN** ACTIVITY: _____

BOOKEND MY DAY

- ☐ **WHAT DID I GET DONE TODAY?**

1. _____   4. _____
2. _____   5. _____
3. _____   6. _____

- ☐ **WHAT DID I NOT GET DONE TODAY?**

_____
_____
_____
_____

- ☐ **WHY DID IT NOT GET DONE?**

_____
_____
_____
_____

- ☐ **WHAT AM I GOING TO DO TOMORROW?**

1. _____   4. _____
2. _____   5. _____
3. _____   6. _____

- ☐ **HABIT DEVELOPMENT CHECK-IN**

_____
_____
_____
_____

▲▼▲▼▲▼▲▼▲▼▲▼▲▼▲▼▲▼▲▼▲▼▲▼

SPIRITUAL HABITS   DATE:

☐ **SPIRITUAL MENTOR**
TAKEAWAY: _____
_____
_____
_____

☐ **BIBLE READING PLAN** – PASSAGES READ: _____
☐ **BOOK READING PLAN** – BOOK/PAGES READ: _____
☐ **REFLECTION & PRAYER**
☐ **JOURNAL**
_____
_____
_____
_____
_____
_____
_____
_____

SUCCESS HABITS

☐ **SUCCESS MENTOR**
TAKEAWAY: _____
_____
_____
_____

☐ **BOOK READING PLAN** – BOOK/PAGES READ: _____
☐ **DAILY GRATITUDE**
_____
_____
_____

☐ **AGENDA REVIEW**
1. _____   4. _____
2. _____   5. _____
3. _____   6. _____

☐ **VISUALIZATION & CONFESSION**
TAKEAWAY: _____
_____
_____
_____

HEALTH HABITS

DATE:

☐ **GET ACTIVE** - ACTIVITY:
☐ **MEAL PLAN**

BREAKFAST: SNACK:
SNACK: DINNER:
LUNCH: SNACK:

☐ **RECORD WHAT I EAT** (IN MY APP OR CHECK OFF THE LIST ABOVE)
☐ **LEARN ABOUT HEALTH & NUTRITION**

TAKEAWAY:
_____
_____
_____

☐ **REST** HOURS SLEPT: ☐ **FUN** ACTIVITY:

BOOKEND MY DAY

☐ **WHAT DID I GET DONE TODAY?**

1.   4.
2.   5.
3.   6.

☐ **WHAT DID I NOT GET DONE TODAY?**
_____
_____
_____

☐ **WHY DID IT NOT GET DONE?**
_____
_____
_____

☐ **WHAT AM I GOING TO DO TOMORROW?**

1.   4.
2.   5.
3.   6.

☐ **HABIT DEVELOPMENT CHECK-IN**
_____
_____
_____

▲▼▲▼▲▼▲▼▲▼▲▼▲▼▲▼▲▼▲▼▲▼▲▼▲▼

SPIRITUAL HABITS   DATE:

☐ **SPIRITUAL MENTOR**
TAKEAWAY: _____
_____
_____
_____

☐ **BIBLE READING PLAN** – PASSAGES READ: _____
☐ **BOOK READING PLAN** – BOOK/PAGES READ: _____
☐ **REFLECTION & PRAYER**
☐ **JOURNAL**
_____
_____
_____
_____
_____
_____
_____
_____

SUCCESS HABITS

☐ **SUCCESS MENTOR**
TAKEAWAY: _____
_____
_____

☐ **BOOK READING PLAN** – BOOK/PAGES READ: _____
☐ **DAILY GRATITUDE**
_____
_____
_____
_____

☐ **AGENDA REVIEW**
1. _____   4. _____
2. _____   5. _____
3. _____   6. _____

☐ **VISUALIZATION & CONFESSION**
TAKEAWAY: _____
_____
_____
_____

HEALTH HABITS

DATE: _____

☐ **GET ACTIVE -** ACTIVITY: _____
☐ **MEAL PLAN**

BREAKFAST: _____   SNACK: _____
SNACK: _____   DINNER: _____
LUNCH: _____   SNACK: _____

☐ **RECORD WHAT I EAT**   (IN MY APP OR CHECK OFF THE LIST ABOVE)
☐ **LEARN ABOUT HEALTH & NUTRITION**

TAKEAWAY: _____
_____
_____
_____

☐ **REST** HOURS SLEPT: _____   ☐ **FUN** ACTIVITY: _____

BOOKEND MY DAY

☐ **WHAT DID I GET DONE TODAY?**

1. _____   4. _____
2. _____   5. _____
3. _____   6. _____

☐ **WHAT DID I NOT GET DONE TODAY?**
_____
_____
_____
_____

☐ **WHY DID IT NOT GET DONE?**
_____
_____
_____
_____

☐ **WHAT AM I GOING TO DO TOMORROW?**

1. _____   4. _____
2. _____   5. _____
3. _____   6. _____

☐ **HABIT DEVELOPMENT CHECK-IN**
_____
_____
_____
_____

SPIRITUAL HABITS

DATE:

- [ ] **SPIRITUAL MENTOR**
  TAKEAWAY: _____
  _____
  _____

- [ ] **BIBLE READING PLAN** – PASSAGES READ: _____
- [ ] **BOOK READING PLAN** – BOOK/PAGES READ: _____
- [ ] **REFLECTION & PRAYER**
- [ ] **JOURNAL**

_____
_____
_____
_____
_____
_____
_____
_____

SUCCESS HABITS

- [ ] **SUCCESS MENTOR**
  TAKEAWAY: _____
  _____
  _____

- [ ] **BOOK READING PLAN** – BOOK/PAGES READ: _____
- [ ] **DAILY GRATITUDE**

_____
_____
_____

- [ ] **AGENDA REVIEW**
  1. _____   4. _____
  2. _____   5. _____
  3. _____   6. _____

- [ ] **VISUALIZATION & CONFESSION**
  TAKEAWAY: _____
  _____
  _____

HEALTH HABITS

DATE:

- ☐ **GET ACTIVE** - ACTIVITY: _____
- ☐ **MEAL PLAN**

BREAKFAST: _____ SNACK: _____
SNACK: _____ DINNER: _____
LUNCH: _____ SNACK: _____

- ☐ **RECORD WHAT I EAT** (IN MY APP OR CHECK OFF THE LIST ABOVE)
- ☐ **LEARN ABOUT HEALTH & NUTRITION**

TAKEAWAY: _____
_____
_____
_____

- ☐ **REST** HOURS SLEPT: _____   ☐ **FUN** ACTIVITY: _____

BOOKEND MY DAY

- ☐ **WHAT DID I GET DONE TODAY?**

1. _____ 4. _____
2. _____ 5. _____
3. _____ 6. _____

- ☐ **WHAT DID I NOT GET DONE TODAY?**

_____
_____
_____
_____

- ☐ **WHY DID IT NOT GET DONE?**

_____
_____
_____
_____

- ☐ **WHAT AM I GOING TO DO TOMORROW?**

1. _____ 4. _____
2. _____ 5. _____
3. _____ 6. _____

- ☐ **HABIT DEVELOPMENT CHECK-IN**

_____
_____
_____
_____

SPIRITUAL HABITS

DATE:

☐ **SPIRITUAL MENTOR**
TAKEAWAY: _____
_____
_____
_____

☐ **BIBLE READING PLAN** – PASSAGES READ: _____
☐ **BOOK READING PLAN** – BOOK/PAGES READ: _____
☐ **REFLECTION & PRAYER**
☐ **JOURNAL**
_____
_____
_____
_____
_____
_____
_____
_____

SUCCESS HABITS

☐ **SUCCESS MENTOR**
TAKEAWAY: _____
_____
_____

☐ **BOOK READING PLAN** – BOOK/PAGES READ: _____
☐ **DAILY GRATITUDE**
_____
_____
_____

☐ **AGENDA REVIEW**
1. _____   4. _____
2. _____   5. _____
3. _____   6. _____

☐ **VISUALIZATION & CONFESSION**
TAKEAWAY: _____
_____
_____

▲▼▲▼▲▼▲▼▲▼▲▼▲▼▲▼▲▼▲▼▲▼▲▼

HEALTH HABITS   DATE:

☐ **GET ACTIVE** -   ACTIVITY:
☐ **MEAL PLAN**

BREAKFAST: _____   SNACK: _____
SNACK: _____   DINNER: _____
LUNCH: _____   SNACK: _____

☐ **RECORD WHAT I EAT**   (IN MY APP OR CHECK OFF THE LIST ABOVE)
☐ **LEARN ABOUT HEALTH & NUTRITION**

TAKEAWAY: _____
_____
_____
_____

☐ **REST** HOURS SLEPT: _____   ☐ **FUN** ACTIVITY: _____

BOOKEND MY DAY

☐ **WHAT DID I GET DONE TODAY?**

1. _____   4. _____
2. _____   5. _____
3. _____   6. _____

☐ **WHAT DID I NOT GET DONE TODAY?**
_____
_____
_____
_____

☐ **WHY DID IT NOT GET DONE?**
_____
_____
_____
_____

☐ **WHAT AM I GOING TO DO TOMORROW?**

1. _____   4. _____
2. _____   5. _____
3. _____   6. _____

☐ **HABIT DEVELOPMENT CHECK-IN**
_____
_____
_____
_____

SPIRITUAL HABITS

DATE: _____

☐ **SPIRITUAL MENTOR**
TAKEAWAY: _____
_____
_____
_____

☐ **BIBLE READING PLAN** – PASSAGES READ: _____
☐ **BOOK READING PLAN** – BOOK/PAGES READ: _____
☐ **REFLECTION & PRAYER**
☐ **JOURNAL**

_____
_____
_____
_____
_____
_____
_____

SUCCESS HABITS

☐ **SUCCESS MENTOR**
TAKEAWAY: _____
_____
_____
_____

☐ **BOOK READING PLAN** – BOOK/PAGES READ: _____
☐ **DAILY GRATITUDE**

_____
_____
_____

☐ **AGENDA REVIEW**
1. _____   4. _____
2. _____   5. _____
3. _____   6. _____

☐ **VISUALIZATION & CONFESSION**
TAKEAWAY: _____
_____
_____
_____

▲▼▲▼▲▼▲▼▲▼▲▼▲▼▲▼▲▼▲▼▲▼▲▼

HEALTH HABITS   DATE:

☐ **GET ACTIVE** –   ACTIVITY: _____
☐ **MEAL PLAN**
BREAKFAST: _____   SNACK: _____
SNACK: _____   DINNER: _____
LUNCH: _____   SNACK: _____

☐ **RECORD WHAT I EAT**   (IN MY APP OR CHECK OFF THE LIST ABOVE)
☐ **LEARN ABOUT HEALTH & NUTRITION**
TAKEAWAY: _____
_____
_____
_____

☐ **REST** | HOURS SLEPT: _____ | ☐ **FUN** | ACTIVITY: _____ |

BOOKEND MY DAY

☐ **WHAT DID I GET DONE TODAY?**
1. _____   4. _____
2. _____   5. _____
3. _____   6. _____

☐ **WHAT DID I NOT GET DONE TODAY?**
_____
_____
_____
_____

☐ **WHY DID IT NOT GET DONE?**
_____
_____
_____
_____

☐ **WHAT AM I GOING TO DO TOMORROW?**
1. _____   4. _____
2. _____   5. _____
3. _____   6. _____

☐ **HABIT DEVELOPMENT CHECK-IN**
_____
_____
_____
_____

▲▼▲▼▲▼▲▼▲▼▲▼▲▼▲▼▲▼▲▼▲▼▲▼

SPIRITUAL HABITS   DATE:

☐ **SPIRITUAL MENTOR**
TAKEAWAY: _____
_____
_____
_____

☐ **BIBLE READING PLAN** – PASSAGES READ: _____
☐ **BOOK READING PLAN** – BOOK/PAGES READ: _____
☐ **REFLECTION & PRAYER**
☐ **JOURNAL**
_____
_____
_____
_____
_____
_____
_____
_____

SUCCESS HABITS

☐ **SUCCESS MENTOR**
TAKEAWAY: _____
_____
_____
_____

☐ **BOOK READING PLAN** – BOOK/PAGES READ: _____
☐ **DAILY GRATITUDE**
_____
_____
_____
_____

☐ **AGENDA REVIEW**
1. _____   4. _____
2. _____   5. _____
3. _____   6. _____

☐ **VISUALIZATION & CONFESSION**
TAKEAWAY: _____
_____
_____

HEALTH HABITS

DATE: _____

- ☐ **GET ACTIVE** – ACTIVITY: _____
- ☐ **MEAL PLAN**

BREAKFAST: _____ SNACK: _____
SNACK: _____ DINNER: _____
LUNCH: _____ SNACK: _____

- ☐ **RECORD WHAT I EAT** (IN MY APP OR CHECK OFF THE LIST ABOVE)
- ☐ **LEARN ABOUT HEALTH & NUTRITION**

TAKEAWAY: _____
_____
_____
_____

☐ **REST** HOURS SLEPT: _____   ☐ **FUN** ACTIVITY: _____

BOOKEND MY DAY

- ☐ **WHAT DID I GET DONE TODAY?**

1. _____   4. _____
2. _____   5. _____
3. _____   6. _____

- ☐ **WHAT DID I NOT GET DONE TODAY?**

_____
_____
_____
_____

- ☐ **WHY DID IT NOT GET DONE?**

_____
_____
_____
_____

- ☐ **WHAT AM I GOING TO DO TOMORROW?**

1. _____   4. _____
2. _____   5. _____
3. _____   6. _____

- ☐ **HABIT DEVELOPMENT CHECK-IN**

_____
_____
_____
_____

SPIRITUAL HABITS

DATE:

☐ **SPIRITUAL MENTOR**
TAKEAWAY:

☐ **BIBLE READING PLAN** – PASSAGES READ:
☐ **BOOK READING PLAN** – BOOK/PAGES READ:
☐ **REFLECTION & PRAYER**
☐ **JOURNAL**

SUCCESS HABITS

☐ **SUCCESS MENTOR**
TAKEAWAY:

☐ **BOOK READING PLAN** – BOOK/PAGES READ:
☐ **DAILY GRATITUDE**

☐ **AGENDA REVIEW**
1.
2.
3.
4.
5.
6.

☐ **VISUALIZATION & CONFESSION**
TAKEAWAY:

HEALTH HABITS

DATE: _____

☐ **GET ACTIVE -** ACTIVITY: _____
☐ **MEAL PLAN**

BREAKFAST: _____   SNACK: _____
SNACK: _____   DINNER: _____
LUNCH: _____   SNACK: _____

☐ **RECORD WHAT I EAT**   (IN MY APP OR CHECK OFF THE LIST ABOVE)
☐ **LEARN ABOUT HEALTH & NUTRITION**

TAKEAWAY: _____
_____
_____

☐ **REST**   HOURS SLEPT: _____   ☐ **FUN**   ACTIVITY: _____

BOOKEND MY DAY

☐ **WHAT DID I GET DONE TODAY?**

1. _____   4. _____
2. _____   5. _____
3. _____   6. _____

☐ **WHAT DID I NOT GET DONE TODAY?**
_____
_____
_____

☐ **WHY DID IT NOT GET DONE?**
_____
_____
_____

☐ **WHAT AM I GOING TO DO TOMORROW?**

1. _____   4. _____
2. _____   5. _____
3. _____   6. _____

☐ **HABIT DEVELOPMENT CHECK-IN**
_____
_____
_____

SPIRITUAL HABITS

DATE:

☐ **SPIRITUAL MENTOR**
TAKEAWAY:
_____
_____
_____

☐ **BIBLE READING PLAN** – PASSAGES READ: _____
☐ **BOOK READING PLAN** – BOOK/PAGES READ: _____
☐ **REFLECTION & PRAYER**
☐ **JOURNAL**
_____
_____
_____
_____
_____
_____
_____

SUCCESS HABITS

☐ **SUCCESS MENTOR**
TAKEAWAY:
_____
_____
_____

☐ **BOOK READING PLAN** – BOOK/PAGES READ: _____
☐ **DAILY GRATITUDE**
_____
_____
_____

☐ **AGENDA REVIEW**
1. _____   4. _____
2. _____   5. _____
3. _____   6. _____

☐ **VISUALIZATION & CONFESSION**
TAKEAWAY:
_____
_____
_____

HEALTH HABITS

DATE: _____

☐ **GET ACTIVE** – ACTIVITY: _____

☐ **MEAL PLAN**

BREAKFAST: _____ SNACK: _____
SNACK: _____ DINNER: _____
LUNCH: _____ SNACK: _____

☐ **RECORD WHAT I EAT**   (IN MY APP OR CHECK OFF THE LIST ABOVE)
☐ **LEARN ABOUT HEALTH & NUTRITION**

TAKEAWAY: _____
_____
_____
_____

☐ **REST** HOURS SLEPT: _____   ☐ **FUN** ACTIVITY: _____

BOOKEND MY DAY

☐ **WHAT DID I GET DONE TODAY?**

1. _____   4. _____
2. _____   5. _____
3. _____   6. _____

☐ **WHAT DID I NOT GET DONE TODAY?**
_____
_____
_____

☐ **WHY DID IT NOT GET DONE?**
_____
_____
_____

☐ **WHAT AM I GOING TO DO TOMORROW?**

1. _____   4. _____
2. _____   5. _____
3. _____   6. _____

☐ **HABIT DEVELOPMENT CHECK-IN**
_____
_____
_____
_____

SPIRITUAL HABITS

DATE:

☐ **SPIRITUAL MENTOR**
TAKEAWAY:
_____
_____
_____
_____

☐ **BIBLE READING PLAN** – PASSAGES READ: _____
☐ **BOOK READING PLAN** – BOOK/PAGES READ: _____
☐ **REFLECTION & PRAYER**
☐ **JOURNAL**
_____
_____
_____
_____
_____
_____
_____
_____

SUCCESS HABITS

☐ **SUCCESS MENTOR**
TAKEAWAY:
_____
_____
_____
_____

☐ **BOOK READING PLAN** – BOOK/PAGES READ: _____
☐ **DAILY GRATITUDE**
_____
_____
_____
_____

☐ **AGENDA REVIEW**
1. _____   4. _____
2. _____   5. _____
3. _____   6. _____

☐ **VISUALIZATION & CONFESSION**
TAKEAWAY:
_____
_____
_____
_____

▲▼▲▼▲▼▲▼▲▼▲▼▲▼▲▼▲▼▲▼▲▼▲▼

HEALTH HABITS   DATE:

☐ **GET ACTIVE** – ACTIVITY: _____
☐ **MEAL PLAN**

BREAKFAST: _____   SNACK: _____
SNACK: _____   DINNER: _____
LUNCH: _____   SNACK: _____

☐ **RECORD WHAT I EAT**   (IN MY APP OR CHECK OFF THE LIST ABOVE)
☐ **LEARN ABOUT HEALTH & NUTRITION**

TAKEAWAY: _____
_____
_____
_____

☐ **REST** | HOURS SLEPT: _____ | ☐ **FUN** | ACTIVITY: _____ |

BOOKEND MY DAY

☐ **WHAT DID I GET DONE TODAY?**
1. _____   4. _____
2. _____   5. _____
3. _____   6. _____

☐ **WHAT DID I NOT GET DONE TODAY?**
_____
_____
_____
_____

☐ **WHY DID IT NOT GET DONE?**
_____
_____
_____
_____

☐ **WHAT AM I GOING TO DO TOMORROW?**
1. _____   4. _____
2. _____   5. _____
3. _____   6. _____

☐ **HABIT DEVELOPMENT CHECK-IN**
_____
_____
_____
_____

SPIRITUAL HABITS

DATE:

☐ **SPIRITUAL MENTOR**
TAKEAWAY: _____
_____
_____

☐ **BIBLE READING PLAN** – PASSAGES READ: _____
☐ **BOOK READING PLAN** – BOOK/PAGES READ: _____
☐ **REFLECTION & PRAYER**
☐ **JOURNAL**
_____
_____
_____
_____
_____
_____
_____

SUCCESS HABITS

☐ **SUCCESS MENTOR**
TAKEAWAY: _____
_____
_____

☐ **BOOK READING PLAN** – BOOK/PAGES READ: _____
☐ **DAILY GRATITUDE**
_____
_____
_____

☐ **AGENDA REVIEW**
1. _____ 4. _____
2. _____ 5. _____
3. _____ 6. _____

☐ **VISUALIZATION & CONFESSION**
TAKEAWAY: _____
_____
_____

HEALTH HABITS

DATE:

☐ **GET ACTIVE** - ACTIVITY: _____
☐ **MEAL PLAN**

BREAKFAST: _____	SNACK: _____
SNACK: _____	DINNER: _____
LUNCH: _____	SNACK: _____

☐ **RECORD WHAT I EAT**   (IN MY APP OR CHECK OFF THE LIST ABOVE)
☐ **LEARN ABOUT HEALTH & NUTRITION**

TAKEAWAY: _____
_____
_____

☐ **REST** | HOURS SLEPT: _____ | ☐ **FUN** | ACTIVITY: _____ |

BOOKEND MY DAY

☐ **WHAT DID I GET DONE TODAY?**

1. _____   4. _____
2. _____   5. _____
3. _____   6. _____

☐ **WHAT DID I NOT GET DONE TODAY?**

_____
_____
_____

☐ **WHY DID IT NOT GET DONE?**

_____
_____
_____

☐ **WHAT AM I GOING TO DO TOMORROW?**

1. _____   4. _____
2. _____   5. _____
3. _____   6. _____

☐ **HABIT DEVELOPMENT CHECK-IN**

_____
_____
_____

SPIRITUAL HABITS

DATE:

- [ ] **SPIRITUAL MENTOR**
TAKEAWAY: _____
_____
_____
_____

- [ ] **BIBLE READING PLAN** – PASSAGES READ: _____
- [ ] **BOOK READING PLAN** – BOOK/PAGES READ: _____
- [ ] **REFLECTION & PRAYER**
- [ ] **JOURNAL**

_____
_____
_____
_____
_____
_____
_____
_____

SUCCESS HABITS

- [ ] **SUCCESS MENTOR**
TAKEAWAY: _____
_____
_____
_____

- [ ] **BOOK READING PLAN** – BOOK/PAGES READ: _____
- [ ] **DAILY GRATITUDE**

_____
_____
_____

- [ ] **AGENDA REVIEW**
1. _____   4. _____
2. _____   5. _____
3. _____   6. _____

- [ ] **VISUALIZATION & CONFESSION**
TAKEAWAY: _____
_____
_____
_____

HEALTH HABITS

DATE: _____

☐ **GET ACTIVE –** ACTIVITY: _____
☐ **MEAL PLAN**

BREAKFAST: _____ SNACK: _____
SNACK: _____ DINNER: _____
LUNCH: _____ SNACK: _____

☐ **RECORD WHAT I EAT**   (IN MY APP OR CHECK OFF THE LIST ABOVE)
☐ **LEARN ABOUT HEALTH & NUTRITION**

TAKEAWAY:
_____
_____
_____

☐ **REST**   HOURS SLEPT: _____   ☐ **FUN**   ACTIVITY: _____

BOOKEND MY DAY

☐ **WHAT DID I GET DONE TODAY?**

1. _____ 4. _____
2. _____ 5. _____
3. _____ 6. _____

☐ **WHAT DID I NOT GET DONE TODAY?**
_____
_____
_____
_____

☐ **WHY DID IT NOT GET DONE?**
_____
_____
_____
_____

☐ **WHAT AM I GOING TO DO TOMORROW?**

1. _____ 4. _____
2. _____ 5. _____
3. _____ 6. _____

☐ **HABIT DEVELOPMENT CHECK-IN**
_____
_____
_____
_____

SPIRITUAL HABITS

DATE:

☐ **SPIRITUAL MENTOR**
TAKEAWAY: _____
_____
_____

☐ **BIBLE READING PLAN** - PASSAGES READ: _____
☐ **BOOK READING PLAN** - BOOK/PAGES READ: _____
☐ **REFLECTION & PRAYER**
☐ **JOURNAL**
_____
_____
_____
_____
_____
_____
_____

SUCCESS HABITS

☐ **SUCCESS MENTOR**
TAKEAWAY: _____
_____
_____

☐ **BOOK READING PLAN** - BOOK/PAGES READ: _____
☐ **DAILY GRATITUDE**
_____
_____
_____

☐ **AGENDA REVIEW**

1. _____   4. _____
2. _____   5. _____
3. _____   6. _____

☐ **VISUALIZATION & CONFESSION**
TAKEAWAY: _____
_____
_____

HEALTH HABITS

DATE: _____

- ☐ **GET ACTIVE** - ACTIVITY: _____
- ☐ **MEAL PLAN**

BREAKFAST: _____ SNACK: _____
SNACK: _____ DINNER: _____
LUNCH: _____ SNACK: _____

- ☐ **RECORD WHAT I EAT** (IN MY APP OR CHECK OFF THE LIST ABOVE)
- ☐ **LEARN ABOUT HEALTH & NUTRITION**

TAKEAWAY: _____
_____
_____
_____

- ☐ **REST** HOURS SLEPT: _____   ☐ **FUN** ACTIVITY: _____

BOOKEND MY DAY

- ☐ **WHAT DID I GET DONE TODAY?**

1. _____   4. _____
2. _____   5. _____
3. _____   6. _____

- ☐ **WHAT DID I NOT GET DONE TODAY?**

_____
_____
_____
_____

- ☐ **WHY DID IT NOT GET DONE?**

_____
_____
_____
_____

- ☐ **WHAT AM I GOING TO DO TOMORROW?**

1. _____   4. _____
2. _____   5. _____
3. _____   6. _____

- ☐ **HABIT DEVELOPMENT CHECK-IN**

_____
_____
_____
_____

SPIRITUAL HABITS

DATE: _____

☐ **SPIRITUAL MENTOR**
TAKEAWAY: _____
_____
_____
_____

☐ **BIBLE READING PLAN** – PASSAGES READ: _____
☐ **BOOK READING PLAN** – BOOK/PAGES READ: _____
☐ **REFLECTION & PRAYER**
☐ **JOURNAL**
_____
_____
_____
_____
_____
_____
_____

SUCCESS HABITS

☐ **SUCCESS MENTOR**
TAKEAWAY: _____
_____
_____
_____

☐ **BOOK READING PLAN** – BOOK/PAGES READ: _____
☐ **DAILY GRATITUDE**
_____
_____
_____
_____

☐ **AGENDA REVIEW**

1. _____   4. _____
2. _____   5. _____
3. _____   6. _____

☐ **VISUALIZATION & CONFESSION**
TAKEAWAY: _____
_____
_____
_____

▲▼▲▼▲▼▲▼▲▼▲▼▲▼▲▼▲▼▲▼▲▼▲▼

HEALTH HABITS   DATE:

☐ **GET ACTIVE** — ACTIVITY: _____

☐ **MEAL PLAN**

BREAKFAST: _____   SNACK: _____
SNACK: _____   DINNER: _____
LUNCH: _____   SNACK: _____

☐ **RECORD WHAT I EAT**   (IN MY APP OR CHECK OFF THE LIST ABOVE)

☐ **LEARN ABOUT HEALTH & NUTRITION**

TAKEAWAY: _____
_____
_____

☐ **REST** HOURS SLEPT: _____   ☐ **FUN** ACTIVITY: _____

BOOKEND MY DAY

☐ **WHAT DID I GET DONE TODAY?**

1. _____   4. _____
2. _____   5. _____
3. _____   6. _____

☐ **WHAT DID I NOT GET DONE TODAY?**

_____
_____
_____

☐ **WHY DID IT NOT GET DONE?**

_____
_____
_____

☐ **WHAT AM I GOING TO DO TOMORROW?**

1. _____   4. _____
2. _____   5. _____
3. _____   6. _____

☐ **HABIT DEVELOPMENT CHECK-IN**

_____
_____
_____

SPIRITUAL HABITS

DATE:

☐ **SPIRITUAL MENTOR**
TAKEAWAY:
_____
_____
_____

☐ **BIBLE READING PLAN** – PASSAGES READ: _____
☐ **BOOK READING PLAN** – BOOK/PAGES READ: _____
☐ **REFLECTION & PRAYER**
☐ **JOURNAL**
_____
_____
_____
_____
_____
_____
_____

SUCCESS HABITS

☐ **SUCCESS MENTOR**
TAKEAWAY:
_____
_____

☐ **BOOK READING PLAN** – BOOK/PAGES READ: _____
☐ **DAILY GRATITUDE**
_____
_____
_____

☐ **AGENDA REVIEW**
1. _____   4. _____
2. _____   5. _____
3. _____   6. _____

☐ **VISUALIZATION & CONFESSION**
TAKEAWAY:
_____
_____
_____

▲▼▲▼▲▼▲▼▲▼▲▼▲▼▲▼▲▼▲▼▲▼

HEALTH HABITS   DATE:

☐ **GET ACTIVE** - ACTIVITY: _____
☐ **MEAL PLAN**
BREAKFAST: _____   SNACK: _____
SNACK: _____   DINNER: _____
LUNCH: _____   SNACK: _____

☐ **RECORD WHAT I EAT**   (IN MY APP OR CHECK OFF THE LIST ABOVE)
☐ **LEARN ABOUT HEALTH & NUTRITION**
TAKEAWAY: _____
_____
_____

☐ **REST** HOURS SLEPT: _____   ☐ **FUN** ACTIVITY: _____

BOOKEND MY DAY

☐ **WHAT DID I GET DONE TODAY?**
1. _____   4. _____
2. _____   5. _____
3. _____   6. _____

☐ **WHAT DID I NOT GET DONE TODAY?**
_____
_____
_____

☐ **WHY DID IT NOT GET DONE?**
_____
_____
_____

☐ **WHAT AM I GOING TO DO TOMORROW?**
1. _____   4. _____
2. _____   5. _____
3. _____   6. _____

☐ **HABIT DEVELOPMENT CHECK-IN**
_____
_____
_____

SPIRITUAL HABITS

DATE:

☐ **SPIRITUAL MENTOR**
TAKEAWAY:
_____
_____
_____

☐ **BIBLE READING PLAN** – PASSAGES READ: _____
☐ **BOOK READING PLAN** – BOOK/PAGES READ: _____
☐ **REFLECTION & PRAYER**
☐ **JOURNAL**
_____
_____
_____
_____
_____
_____
_____

SUCCESS HABITS

☐ **SUCCESS MENTOR**
TAKEAWAY:
_____
_____
_____

☐ **BOOK READING PLAN** – BOOK/PAGES READ: _____
☐ **DAILY GRATITUDE**
_____
_____
_____

☐ **AGENDA REVIEW**

1. _____   4. _____
2. _____   5. _____
3. _____   6. _____

☐ **VISUALIZATION & CONFESSION**
TAKEAWAY:
_____
_____
_____

▲▼▲▼▲▼▲▼▲▼▲▼▲▼▲▼▲▼▲▼▲▼

HEALTH HABITS   DATE:

☐ **GET ACTIVE –** ACTIVITY: _____
☐ **MEAL PLAN**

BREAKFAST: _____   SNACK: _____
SNACK: _____   DINNER: _____
LUNCH: _____   SNACK: _____

☐ **RECORD WHAT I EAT**   (IN MY APP OR CHECK OFF THE LIST ABOVE)
☐ **LEARN ABOUT HEALTH & NUTRITION**

TAKEAWAY: _____
_____
_____

☐ **REST** HOURS SLEPT: _____   ☐ **FUN** ACTIVITY: _____

BOOKEND MY DAY

☐ **WHAT DID I GET DONE TODAY?**

1. _____   4. _____
2. _____   5. _____
3. _____   6. _____

☐ **WHAT DID I NOT GET DONE TODAY?**
_____
_____
_____

☐ **WHY DID IT NOT GET DONE?**
_____
_____
_____

☐ **WHAT AM I GOING TO DO TOMORROW?**

1. _____   4. _____
2. _____   5. _____
3. _____   6. _____

☐ **HABIT DEVELOPMENT CHECK-IN**
_____
_____
_____

SPIRITUAL HABITS

DATE:

☐ **SPIRITUAL MENTOR**
TAKEAWAY:
_____
_____
_____

☐ **BIBLE READING PLAN** - PASSAGES READ: _____
☐ **BOOK READING PLAN** - BOOK/PAGES READ: _____
☐ **REFLECTION & PRAYER**
☐ **JOURNAL**
_____
_____
_____
_____
_____
_____
_____

SUCCESS HABITS

☐ **SUCCESS MENTOR**
TAKEAWAY:
_____
_____
_____

☐ **BOOK READING PLAN** - BOOK/PAGES READ: _____
☐ **DAILY GRATITUDE**
_____
_____
_____

☐ **AGENDA REVIEW**
1. _____ 4. _____
2. _____ 5. _____
3. _____ 6. _____

☐ **VISUALIZATION & CONFESSION**
TAKEAWAY:
_____
_____
_____

HEALTH HABITS

DATE: _____

☐ **GET ACTIVE** - ACTIVITY: _____
☐ **MEAL PLAN**

BREAKFAST: _____ SNACK: _____
SNACK: _____ DINNER: _____
LUNCH: _____ SNACK: _____

☐ **RECORD WHAT I EAT** (IN MY APP OR CHECK OFF THE LIST ABOVE)
☐ **LEARN ABOUT HEALTH & NUTRITION**

TAKEAWAY: _____
_____
_____
_____

☐ **REST** HOURS SLEPT: _____   ☐ **FUN** ACTIVITY: _____

BOOKEND MY DAY

☐ **WHAT DID I GET DONE TODAY?**

1. _____   4. _____
2. _____   5. _____
3. _____   6. _____

☐ **WHAT DID I NOT GET DONE TODAY?**
_____
_____
_____
_____

☐ **WHY DID IT NOT GET DONE?**
_____
_____
_____
_____

☐ **WHAT AM I GOING TO DO TOMORROW?**

1. _____   4. _____
2. _____   5. _____
3. _____   6. _____

☐ **HABIT DEVELOPMENT CHECK-IN**
_____
_____
_____
_____

SPIRITUAL HABITS

DATE:

☐ **SPIRITUAL MENTOR**
TAKEAWAY: _____
_____
_____

☐ **BIBLE READING PLAN** – PASSAGES READ: _____
☐ **BOOK READING PLAN** – BOOK/PAGES READ: _____
☐ **REFLECTION & PRAYER**
☐ **JOURNAL**

_____
_____
_____
_____
_____
_____
_____

SUCCESS HABITS

☐ **SUCCESS MENTOR**
TAKEAWAY: _____
_____
_____

☐ **BOOK READING PLAN** – BOOK/PAGES READ: _____
☐ **DAILY GRATITUDE**

_____
_____
_____

☐ **AGENDA REVIEW**

1. _____   4. _____
2. _____   5. _____
3. _____   6. _____

☐ **VISUALIZATION & CONFESSION**
TAKEAWAY: _____
_____
_____

HEALTH HABITS

DATE: _____

☐ **GET ACTIVE** — ACTIVITY: _____

☐ **MEAL PLAN**

BREAKFAST: _____ SNACK: _____
SNACK: _____ DINNER: _____
LUNCH: _____ SNACK: _____

☐ **RECORD WHAT I EAT** (IN MY APP OR CHECK OFF THE LIST ABOVE)

☐ **LEARN ABOUT HEALTH & NUTRITION**

TAKEAWAY: _____
_____
_____
_____

☐ **REST** | HOURS SLEPT: _____ | ☐ **FUN** | ACTIVITY: _____ |

BOOKEND MY DAY

☐ **WHAT DID I GET DONE TODAY?**

1. _____   4. _____
2. _____   5. _____
3. _____   6. _____

☐ **WHAT DID I NOT GET DONE TODAY?**
_____
_____
_____
_____

☐ **WHY DID IT NOT GET DONE?**
_____
_____
_____
_____

☐ **WHAT AM I GOING TO DO TOMORROW?**

1. _____   4. _____
2. _____   5. _____
3. _____   6. _____

☐ **HABIT DEVELOPMENT CHECK-IN**
_____
_____
_____
_____

SPIRITUAL HABITS

DATE:

☐ **SPIRITUAL MENTOR**
TAKEAWAY:
_____
_____
_____

☐ **BIBLE READING PLAN** – PASSAGES READ: _____
☐ **BOOK READING PLAN** – BOOK/PAGES READ: _____
☐ **REFLECTION & PRAYER**
☐ **JOURNAL**
_____
_____
_____
_____
_____
_____
_____

SUCCESS HABITS

☐ **SUCCESS MENTOR**
TAKEAWAY:
_____
_____
_____

☐ **BOOK READING PLAN** – BOOK/PAGES READ: _____
☐ **DAILY GRATITUDE**
_____
_____
_____

☐ **AGENDA REVIEW**
1. _____   4. _____
2. _____   5. _____
3. _____   6. _____

☐ **VISUALIZATION & CONFESSION**
TAKEAWAY:
_____
_____

HEALTH HABITS

DATE: _____

☐ **GET ACTIVE** - ACTIVITY: _____
☐ **MEAL PLAN**

BREAKFAST: _____   SNACK: _____
SNACK: _____   DINNER: _____
LUNCH: _____   SNACK: _____

☐ **RECORD WHAT I EAT**   (IN MY APP OR CHECK OFF THE LIST ABOVE)
☐ **LEARN ABOUT HEALTH & NUTRITION**

TAKEAWAY: _____
_____
_____
_____

☐ **REST** HOURS SLEPT: _____   ☐ **FUN** ACTIVITY: _____

BOOKEND MY DAY

☐ **WHAT DID I GET DONE TODAY?**

1. _____   4. _____
2. _____   5. _____
3. _____   6. _____

☐ **WHAT DID I NOT GET DONE TODAY?**
_____
_____
_____
_____

☐ **WHY DID IT NOT GET DONE?**
_____
_____
_____
_____

☐ **WHAT AM I GOING TO DO TOMORROW?**

1. _____   4. _____
2. _____   5. _____
3. _____   6. _____

☐ **HABIT DEVELOPMENT CHECK-IN**
_____
_____
_____
_____

CONNECT WITH DUKE

🐦 @dukematlock

ⓕ facebook.com/dukematlockcoaching

📷 instagram.com/dukematlock

in linkedin.com/in/dukematlock1

ⓟ pinterest.com/dukematlock

The best way to guarantee continued growth and ongoing development is to subscribe to my blog. Weekly posts focused on personal and professional development, investing in yourself and success, and leadership will help you cultivate a culture of growth in your life. When you subscribe, you will receive a free copy of 21 Actions to Jumpstart Momentum, as well as staying up to date on everything that is happening at Invest Leadership Initiative.

Visit the link below to subscribe and get you FREE copy of 21 Actions to Jumpstart Momentum!

DUKEMATLOCK.COM